ハイリー
センシティブ
パーソン

HSP強みdeワーキング

洞察系

共感系

感覚系

家族のために、自らの繊細さを抑えて戦後を生き抜いてきた父に捧ぐ

はじめまして
◉この本の仕組み◉

HSP（ハイリー・センシティブ・パーソン）という言葉が新聞やネットで頻繁に見られるようになりました。2020 年にロンドンブーツ 1 号 2 号の田村淳さんが「僕はHSP です」と公言されてから、さらに有名になりました。

私は 2017 年ころから敏感な子どもたちの相談を、働く母親たちから受けるようになったのがきっかけでHSP の仕事に本格的に関わらせていただくようになりました。

子どもたちが訴える「音がうるさすぎて学校に行けない」「ハイネックの洋服が着られない」や大人の方が訴える「なんか疲れすぎてしまう」「仕事が続かない」等、誰にもわかってもらえない多くの不可解や謎は「神経系が敏感」という概念に出会ってスルスルと謎解きが起こりました。

「弱い」んじゃない、神経系が「敏感」なんだ！

かく言う私もアーロン博士のチェックリストでは、２つを除いてすべてにチェックがはいるHSP です。どおりで幼い頃からみんなは普通、自分だけが浮いている？ ような感覚がありました。

でも、けっこうはっきりモノを言うほうだし、繊細ではないなあ？と思っていたので、はじめは自分がHSP だと気づいていませんでした。しかし、さまざまなご相談を受けるうちに、人それぞれに「偏った敏感さ」を持っていて、ひとことでHSP とくくるには、みなさんの日常はかなり様子が違うということにも気がつきました。

働く現場でどう自分を活かそうかと考えている方は「HSP」というひとつのワードでくくるのではなくて、「敏感性の方向」まで見ていくことで、仕事の成果につなげることができます。

ざっくり言えば、

- 考えすぎる人
- 感情を感じすぎる人
- 何かを察知しすぎる人

この３つの目立つ傾向をもとにその人の強みの方向を組み立てていくコンセプトと、自分に起こりがちな職場での悩みごとを俯瞰して理解することによって、自分らしく働くことへの鍵をつかむのだ、というのが6000名近くのHSPさんと対話を重ねた実感です。（上記３つは、HSPなら誰もが全て持っている要素ですが、自分のなかでの割合をも見ていきます）

「職場でこういうことが悩みで変わりたいんです……」とおっしゃる方も、実は本音では「自分を変えなければだめなのでしょうか？」「ありのままの自分を活かすことはできないのでしょうか」という思いを抱えています。しかし、自分の性格を変えようなどと思う必要はありません。ご自身が持って生まれたHSPとしての強みを理解し、同時に、その強みを持っているからこそつまづいていた「石」の種類も理解すれば、あとは自分を活かすだけです。

敏感さはギフトです。だめだと思っている自分の部分を許すことが、こんなに大切なことだったなんて。外側の常識に合わせようと四苦八苦している自分から、見方をかえることがこんなにもパワフルなことだったなんて。

それは私自身の人生に起こったことでもあります。自分の敏感さの強みを認識することで、自分のできることとできないことがはっきりし、仕事で力を発揮するやり方も、どういうチームを組めばいいのかも霧が晴れるようにはっきりし、ラクに成果を出せるようになりました。

2019年ごろに、この本の柱である「洞察、共感、感覚」という強みコンセプトをセッションやセミナーのなかで伝え始めました。2020年には、つまづきのもととなる、自律神経のサバイバル反応のメカニズム（ポリヴェーガル理論）を、HSPを伝えたいという方達へのセミナーのなかでセットでお伝えし始めました。

もし今あなたが日常のなかや働く現場でモヤモヤする感覚を持っていたなら、それは転機が来ている証拠です。ザワザワやモヤモヤという違和感は人生の大事な情報で、信頼する心理学者ブリッジスも「トランジション期」（転機や過渡期）」に霧の中にいるような感覚を乗り越えていくことを説いています。

ご自身の敏感さ、繊細さに思いをはせることがもしもあっても大丈夫だということをまずお伝えしたいです。ご自分の興味に合わせてどうぞこの本を利用してください。各章のテーマは以下のように設定してあります。

- ☞ HSPってイマイチどういうことか分からない！方は1、2章を。
- ☞ HSPの特性を、「強み」という概念から捉え直して自分の本当の強みを知りたい方には、3、4章を。
- ☞ つまづきを感じているとき、絡まったHSP人生の糸をほどく見方は、5章を。
- ☞ 具体的に自分を活かすプランやイメージを持ちたい方には、6章を。

何年かたったとき「自分がHSPだということを、もうほとんど忘れて活躍しているけれど、あれは自分の再出発地点だったかも」という小さなきっかけにこの本がなれるようでしたら、これ以上の幸せはありません。自分らしさを活かして生活することは、どんな遊びよりも楽しいです。さあ、少しのワクワクとドキドキを携えて、ご一緒に「サステナワーク（持続可能な働き方）」の扉をひらきませんか。

ハイリー
センシティブ
パーソン

HSP 強み de ワーキング ～洞察系　共感系　感覚系

3章　HSP共通の強みとは スムーズに成果を出すために

1章
HSP
（ハイリー・センシティブ・パーソン）
とは

高度に敏感ってどういうことでしょう

HSPさんは「高度に敏感な人」

HSPとは、ハイリー・センシティブ・パーソンの略で、1996年にアメリカのエレイン・アーロン博士が提唱した概念です。読んで字のごとく「高度に敏感性のある人」という意味です。

光に対する眩しさ、音や匂い、肌触り、味覚・触覚に対する感覚の敏感さ、人の言うことを気にしすぎる、いろんなことを心配しすぎるなどが一般的な特徴として有名になりました。

同じHSPでも育った環境によって特性の現れ方は違う

しかし、HSP＝高度に敏感性を持った人と言っても、その敏感性の現れ方は人によって様々です。そこにHSPという概念の捉えにくさがあります。2022年現在「HSPとは過敏で、気にしすぎな人」のようなニュアンスの情報が溢れていますが、働くHSPさんの中には、「アーロン博士のチェックリスト（16ページ参照）ではHSPに当てはまるのに、人の気持ちを気にしすぎるという特徴にはあまり当てはまらない人もいます。どちらかというと逆で、よく人にムッとされるので余計なこと言わないように気をつけています」と訴える方も実は多いのです。

HSPとはいったい、何なのでしょうか。

HSPであるかどうかは、「脳の情報処理が平均より深い」ことが基本的な要素です。背が高い、目の色が黒いというような生来のものです。あるひとつの遺伝子が敏感性を形成しているようなシンプルなことではなくて、複数の遺伝子情報が関係しあって敏感さが形作られているようだ、というのが現在の研究結果です。

では、敏感性の現れ方は生まれついたものだけによるのか、というとそうではなくて、遺伝子が特徴付ける「背が高い人」がみんな同じキャラクターでないように、生まれ育った環境もその人の「人となり」を決定していく要素の半分である、ということがわかっています。要するに、HSPでも非HSPでもキャラクターの50%は生まれつき、あとの50%は生まれ育った環境によって形成されてくる、というわけです。

HSPとは「高度に敏感性のある人、言い換えれば脳の感覚処理が非HSPさんと異なり、同じ刺激でもより深く受け取る」人のことを表します。

同じものを見たり、同じことを体験したりしても、人によって刺激を受け取る感受性の処理の違いがあるので、いい影響も悪い影響も深く受けやすい、という意味です。

アーロン博士は、同じ両親のもとで同じ教育方針のもとで育ったとしても、子どもによって受け取り方や記憶に残る体験が違うことを指摘しています。
「がんばって」という親の言葉がけを「シンプルに応援された＝肯定」と捉える子と「努力がたりない＝否定」と捉える子、両方いますね。兄弟姉妹で天と地ほど受け取り方、応答やそれによってできあがる性格が違うことはよくあることです。

HSP（ハイリー・センシティブ・パーソン）の定義

HSPの４つの特性DOES

アーロン博士はHSPであることの定義として、2011年に４つの特性を定めています。そして、この４つすべてが当てはまるのがHSPであると定義しています。

D
Depth of processing
深く考え、深く処理する
＝深い処理

O
Overstimulation
刺激を過剰に受ける
疲れやすい

E
Empathy and emotional responsiveness
感情反応が強く、共感力が高い
＝情動伝染

S
Sensitivity to subtleties
ちょっとしたことに気づく
＝敏感な察知力

その特性の頭文字をとってDOESと呼んでいます。

自分の特性を知ることが、生きづらさの改善のヒントになる場合もあります。ひとつひとつ見ていきましょう。

次に示す4つの特性についての解説は、アーロン博士の著著『敏感すぎる私の活かし方』(エレイン・N・アーロン著・片瀬恵理子訳/パンローリング)をもとに、これまで私が聞いてきたHSPさんの話を噛みくだいて、日常的な表現に置き換えた例です。(全ての日常例を網羅できませんがイメージを補足してください)

Depth of processing
深く考え、深く処理する
一を聞いて、十のことを想像し、考えられる

- 興味が湧くと深く掘り下げ、その知識の広さで周りに驚かれる
- お世辞や嘲笑などの人の本音を見抜いてしまう
- 物事を始めるまでにあれこれ考え観察するので、時間がかかる
- 生き方や哲学的なものごとに興味があり、浅い人間関係や話が苦手

Overstimulation
刺激を過剰に受ける≒疲れやすい

- 人混みや大きな音・サプライズなどが苦手
- 飲み会は楽しいものの、気疲れしやすく帰宅するとどっと疲れている
- 子どもの泣き声にダメージや平均以上の疲れを感じる
- 上司の些細な注意の言葉を、いつまでも忘れられない
- 静かな時間が必要で、なぜ他の人は長時間稼働できるのか不思議に思う

Empathy and emotional responsiveness

感情反応が強く、共感力が高い＝情動伝染

- 人が怒られていると自分のことのように感じ、傷ついたり、お腹が痛くなったりする
- 悲しい映画や本などの登場人物に感情移入し、自分も物語の中に入ってしまう
- 同僚のちょっとした仕草、目線、声音などに敏感で、機嫌や考えがわかる（と思う）
- 言葉を話せない幼児や動物・外国人・老人の気持ちも察することができる
- 悲惨なニュースやホラー映画、拷問の記述などにダメージを受ける

Sensitivity to subtleties

ちょっとしたことに気づく＝敏感な察知力

- 大多数の人が感じない、冷蔵庫の機械音や時計の小さな音、強い光や日光のまぶしさなどを感じる
- 物の置き場が変わったり、人の外見が変わったことに気づく
- 晴れているのに「夕方から雨が降る匂いがする」とか、今が冬でも「春の匂いがする」など、五感を使ってささいな予兆を感じとる
- 文書のなかのフォントの違いや行間のズレなどが気になってしまう
- 第六感や直観に優れている

特性の現れ方は、人によってさまざまですが、アーロン博士は DOES がすべて当てはまる人が HSP であると定義しています。例えば、４つのうち３つが当てはまるけれど１つは当てはまらないという方は HSP ではありません。（日常例の現れ方は様々です）

HSPチェックリスト

① エレイン・N・アーロン博士のチェックリスト

DOESのすべてに当てはまる方はHSPと言えるでしょう。よくわからないという人は、次のHSP自己診断テストを試してみてください。このテストはアーロン博士自身が発表したHSPかどうかを見るための自己診断テストです。

以下はアーロン博士のチェックリスト27項目のうち、転載が許可されている5つのみを掲載しています。

Q. 忙しい日は、ベッドや暗い部屋、もしくはプライバシーを確保できて刺激から解放される場所に引きこもりたくなる

はい・いいえ

Q. まぶしい光、強いにおい、粗い生地、近くから聞こえるサイレンなどにすぐに反応する

はい・いいえ

Q. 普段から暴力的な映画やテレビ番組は見ないようにしている

はい・いいえ

Q. 繊細な、あるいは良質なにおい、味、音、芸術作品を堪能する

はい・いいえ

Q. 仕事で誰かと競ったり、評価されたりすると、普段より緊張し動揺してしまう

はい・いいえ

＊すべての項目チェックリストは、
右の QR コードからご覧ください。

自己採点をしてください

評価：14 以上の質問に「はい」と答えたあなたは、おそらく HSP です。ただ、どのような心理テストも不正確な所があり、あくまでもあなた自身の生活に基づいて判断したほうが良いでしょう。私たち心理学者は尺度を作る時、まず最初により良い質問にすることに力を傾け、その後、平均回答に基づいてカットオフ値を決定しています。

もし該当する質問の数がふたつかみっつしかなかったとしても、それが非常によくあてはまるのであれば、あなたは HSP かもしれません。また、HSP の男女比に違いはありませんが、このテストを受けた場合、女性よりも男性のほうが「当てはまる」と答える項目がわずかに少なくなることにもご留意ください。

（アーロン博士のサイトより転載
http://hspjk.life.coocan.jp/selftest-hsp.html）

② 環境感受性の研究で有名なマイケル・プルース博士率いる世界のHSP研究者のサイトのチェックリスト

こちらでは、敏感性は誰もが持つものだが、敏感の程度が違うという考えに基づいています。高度に敏感な人（30%）、中程度に敏感な人（40%）、低度に敏感な人（30%）の３つがスペクトラムであり（連続したグラデーション）、正規分布であると結論づけています。（高度に敏感な人を30%と定義しています。本書では理論創始者であるアーロン博士の約20%の数字を採用します）

結果が蘭・チューリップ・タンポポと花のイラストで示されるところが、素敵なセンスと評判です。

日本語訳がついていませんので、
翻訳アプリを使用するのもおススメです。

いかがでしたか。自分がHSPかどうかはとても気になるところですね。HSPかどうかということをレッテル貼りではないか、という議論もあります。確かに言われた人が「一方的な決めつけだ」と感じたら、それは不快感となりレッテルでありましょう。

人間は、理解するときに言葉を使う生き物です。形容詞がたくさんあるほうが自分を捉えやすくなります。HSPという概念は自分の質をニュートラルに理解し、強みとして転換できる偉大なツールだと私は考えています。

シマウマやハエのなかにも　ハイリー・センシティブさんがいる

人間だけではなく100種類以上の動物に高度に敏感性を持つ個体が存在していることが生物学者たちによって確認されています。「何かを見つけたらすぐに飛び出すキャラクター＝行動活性型」と

「注意深くあたりを見回してからよく考えて行動するキャラクター＝行動抑制型」という、2 種類のキャラクターがひとつの種のなかに存在するというのです。それはシマウマ、犬、猫、馬、ハト、人間、ハエなどさまざまな種のなかに確認されていて、この行動抑制型の特徴が色濃いのが HSP です。

種のなかに行動抑制型がいるのは、猪突猛進で全員が危険な目に遭ったり、捕食動物に待ち伏せされて全滅したりすることなく、生き残っていくための遺伝子の作戦なのでは、とも言われています。例えば、行動抑制型で敏感なシマウマがいたら、いち早く音や匂いで遠くの茂みに隠れて待ち伏せしているライオンの存在に気づき、仲間のシマウマに知らせることができます。もしこのような特性を持ったシマウマがいなければ、群れはすぐにライオンに一網打尽にされて絶滅してしまうでしょう。

HSP は人口の約 20％しかいない少数派です。社会や群れのルールというのは、多数派が生きやすいように形作られていきます。そのため、HSP の方は「HSP と非 HSP が半々だったらよかったのに……」と思うかもしれませんが、遺伝子は、きっと 50％ずつでは種の生き残りをかけた命題の中で、何か不都合があると判断したのでしょう。比率の理由は誰にも解明できない謎です。

例えば人類の未来についての何かの新しい局面が生まれた時(電車を発明し町で走らせる、遺伝子組み替え食品を売り出す、等)、どの会議の現場にも、必ず大胆な推進派とリスク回避の慎重派のやりとりがあります。そのふたつがあるからこそ議論は有機的なものになります。HSPはもちろん慎重派側にいることが多いです。

人の行動をHSPと非HSPの側面だけで、ステレオタイプに断じることはできませんが、HSPという気質は、人類が生き残りをかけた闘いのなかで、いつの時代も何かの役割を担って来ました。

多数派に生まれたかった、敏感すぎて嫌になるなどとHSPなら誰もが一度は思いますが、HSPさんにしかできないこと、HSPならではの強みがあります。あとの章で明らかにしていきましょう。

HSPは生まれつきの特性である

HSP理論創始者のエレイン・アーロン博士は、このハイリー・センシティブ・パーソンという特性が生まれつきの気質であることを説き、さらに敏感性というのは遺伝のなかでももっとも劇的でわかりやすい個体差であると言っています。

私たちは生まれつきいろいろな特徴を持っています。

血液型が何型であるか、背が高い家系なのか違うのか、髪の色はどうなのかという身体情報に加え、人の顔を覚えるのが得意か苦手か、音感がいいかどうか、論理的にまたは直感的に捉えるのがうまいかなどの内面的な能力についても、生まれつきのものがたくさんあります。

生まれつきの個性など考えにくい、赤ちゃんのときには真っ白なキャンバスであって、すべてが後天的な教育によって施されると考える人もいますが、様々なデータ分析により「人が生まれつき持っている強みや特性の掛け合わせが、成果を出せる強みのもとである」ことがわかってきています。
　子育て経験のある方も、そのことを実感しているのではないでしょうか。どんなに同じ条件で育てたつもりでも、兄弟姉妹の性格や行動パターンは、まるで違う星から来ているかのような大きな違いがあります。
　世界30カ国で世論調査をし、2800万人以上の強みのデータを持つ米ギャラップ社は（2022年現在）次のように言っています。
「最近の研究では、人が情熱的に興味を持つことなど、『性格の軸』となる特徴は、これまで考えられていたよりも早い年齢で現れることがわかった。23年間という長期間にわたってニュージーランドで1000人の子どもを対象に行われた研究によると、3歳のときに観察された性格は26歳のときに報告された性格の特徴と驚くほど共通していた」（「さあ、才能に目覚めようストレングスファインダー2.0」トム・ラス著）
　生まれつき持っている様々なリソースを大切に見直すところから、幸せに成果を出す人生がスタートします。HSPというご自身の中心的な資質と、ご自身ならではの個性の部分である強みを、リソースとして棚卸ししていきましょう。

HSPは疾患ではない。発達障害でもない

「発達グレー」という言葉を聞いたことがありますか。
　発達障害のグレーゾーンという意味ですが、「発達障害の傾向はあるが、診断基準は満たしていない」ことを指します。この発達グレーの説明を探していて、HSPという言葉を見つけ、「自分はHSPだ！」と納得がいったという方が多くいます。

　まわりのみんなが普通にうまくやっているのに、自分だけ「普通

にできない」と感じていたり、人よりも「光や音に敏感」であると、誰でも自分は何かおかしいのではないか、と不安になります。

そうやって専門機関に行って受診したところ、発達障害という診断を受けたけれど、あとから知ったHSPの説明のほうがずっとしっくりきた、という方もいます。

なぜこのようなことが起きるのかというと、発達障害の特徴の一部とHSPの困りごとの一部の特徴が似ていて、専門家でも判断が難しい場合があるからです。

「環境が落ち着かなかったりうるさすぎると集中できなくてミスを連発する」、「みんなに見られていたり比べられてプレッシャーがあるところでは神経がたかぶって落ち着きがなくなり、身体を動かし続ける」、「普通の人がダメージを受けない光や音や匂いに、耐えがたいほどの刺激を感じて社会生活に差し障りがある」等はHSPと発達障害に共通する訴えの一部です。

HSPは特性であって、疾患ではありません。医療機関で診断を受けるものでも治すものでもないというのが基本です（ただし、最近ではHSPという名称をきっかけとして自律神経系の不調に気づく方のために、HSP外来という名称を設けている病院もあるようです）。

発達障害との違いは、まず診断の有無です。

発達障害は、生まれつきみられる脳の働き方の違いにより、幼児のうちから行動面や情緒面に特徴がある状態ですので、医師が診断します。そして、「発達障害者支援法」という法律によって発達障害者とその家族は自治体からさまざまなサポートを受けられます。

それに対してHSPは心理学用語であり、医学界では公に認められていないため基本的には医師が診断する疾患名ではありません。

とくに落ち着きのなさは、発達障害（ADHD注意欠陥多動性障害）

とHSPのどちらにも似た状況が見られることがありますが、HSPの場合は、少人数の静かな場所、気心の知れたメンバーなど、気持ちが落ち着くことのできる環境が用意されれば、改善されることが多いです。
　また、対人関係に関しては、HSPは「人の気持ちがわかりすぎて」（察知しすぎて）困りごとが発生しますが、自閉スペクトラム症などの発達障害は「人の気持ちがわからなすぎて」社会的なものごとの対処に支障がでるという本質的な違いがあります。

　また、発達障害とHSPの両方の特性を持っていることはあるのでしょうか、という質問もよく耳にします。アーロン博士によれば、特性が重なっていることは、ありうると考えられるということです。

　発達障害は、はじめは子どもに対するアセスメントでした。子どもばかりでなく大人の発達障害に関しても最近では専門外来を設けている総合病院があり、話題にのぼるようになってきました。
　HSPと発達障害。どちらにも共通することは、社会の中でその個性を大切に扱われると自己効力感が高くなり、自分らしい力を発揮できることです。社会の仕組みには合わないところがあったとしても、そこがその方の個性・トンガリとしての才能であって、活かせるところが必ずあるはずだと私は考えています。
　最近では、地球温暖化反対運動で有名になったスウェーデンのグレタ・エルンマン・トゥーンベリさんがアスペルガーだと公表していますが、彼女は自分の発達障害に関して「スーパーパワー」と言っていますし、モデルの栗原類さん、俳優で司会者の黒柳徹子さん、経済評論家の勝間和代さん、映画監督のスティーブン・スピルバーグさん、俳優のトム・クルーズさん等、多くの才能さんが発達障害を公表しつつ、活躍しています。
　多様性のすばらしさを感じますね。

発達障害とHSPについての知見は、現在この瞬間も進化し続けています。どうぞ最新の情報にアクセスしてください。

HSPは5人にひとり〜少数派であるからこその傷つき

アーロン博士は人口の約20%がHSPであると言っています。最近では環境感受性（＝ポジティブおよびネガティブな環境に対する処理や、刺激への反応の個人差のこと）の研究などで有名なマイケル・プルース博士は「高度に敏感な比率」を30%としています。これらは正誤の問題ではなく、敏感さや非敏感さは、真ん中に山ができる正規分布となる連続した特徴ですが、「どこからどこまでをHSPと呼ぶか」という問題であって、敏感と非敏感がパキッとふたつにわかれる境界ラインがあるわけではありません。誰しもが何らかの敏感性は持っているけれども、その強度にはかなり差があるね、という考え方です。ですので非HSPさんが鈍感、という意味ではありません。
人によって敏感さの程度が違う、という意味です。
HSPの男女比は1：1です。

社会は多数派にとって便利なように仕組みができています。
例えるならばHSPは左利き＝少数派なので、ハサミを使う、筆を持つなどのときに不便が起こります。
外から見えない特徴なので、成長するなかで「みんなと違う・私はおかしいのかな」と感じたり、親やまわりの大人から「あなたは細かすぎるのよ、もっとおおらかにしてなさい」などと言われるとき、多数派の感覚に戸惑い、心の行き場を失います。

しかし、生まれ持った敏感に気づく特性を、鈍感に変えることはできません。

気づこうとして（意志を持って）気づいているのではなくて、普通にしているだけで「ささいなことにも気づいてしまう」のです。

ぱっと見でわかりにくい特性であるため問題が起こります。親切や愛情から周りの人が「気づきすぎは不幸になるよ」とアドバイスしてくれていても、HSP からしたら「どうしたら気づき過ぎから抜けられるのか」がわかりません。そういう行き違いが起こるのは、人は他人の「感覚」を体感としては理解できないからに他なりません。HSP が一方的に被害者だと言いたいわけではなくて、誰であっても自分と違う感覚を持った人に「どうしてわからないの？」と言いたくなるということです。

敏感さというのは、感受性の違いであり、身体の反応性の違いです。うまく日頃の刺激量をコントロールし、どの部分で自分のチカラを出すのか俯瞰的に観察する、という方向にシフトチェンジすることができれば、もっとラクに社会のなかで力を発揮することができます。

コラム 「刺激追求型（HSS）≒外向型」HSP さんと「内向型」HSP さんでは人生の質そのものが違う

「HSS 型 HSP」「アクセル×ブレーキ」「刺激追求型 HSP」などの表現を見かけた人は、いらっしゃいますか。HSS というのは High Sensation Seeking（ハイ・センセーション・シーキング）の略で刺激追求型を意味します。HSS 型 HSP は、高い敏感性と刺激追求という一見逆の要素を同時に持っている人のことを言います。

繊細というと、おとなしく内気な感じのする人を想像する方が多いでしょう。実際、HSP の内訳としては、「内向型」のほうが多いようです。

HSP理論創始者のアーロン博士は1990年代に敏感性についての研究をはじめたとき、最初、敏感とは内向型の人ではないかと思ったというのです。内向型というのは、簡単に言うと自分の外にある刺激を求めるのではなく、自分の内側の思考や想像からエネルギーを得る人たちで内面世界が大きいことを意味します。要するに友人との語らいとか、読書をして味わうことや、映画の余韻にひたるなどから人生の豊かさを感じる人のことです。

対して外向型は、自分の内側で起こることを味わうよりも、行動的なこと、人と接すること、外からの刺激を好みます。パーティや飲み会、スポーツや冒険など、行動から得られるエネルギーや人との触れ合いにこそ価値があると考えるのです。

敏感さを持つ人が必ずしも内向型ではないとアーロン博士は気づきました。敏感さを持つけれども、いろいろなところに出かけたり、アクティブに人と会ったり、動き回ったりするなど、行動的な人たち、すなわちHSS（＝刺激追求型）の人たちがいたからです。その人たちは、活動的とみなされ、よくリーダー役に抜擢されたり、チームのまとめ役として買われることがあります。

このタイプはアクティブですが、細かくすべての情報を頭に入れすぎる敏感性は同時に持ち合わせています。きめ細かな仕事ができる代わりに、疲れてあとでぐったりし、ダウンタイム（休養）が必要になります。

楽しくストレスのない飲み会やイベントであっても、そのあとに同僚や友人と二次会に行くより、帰ってひとりになりたくなったりします。

この刺激追求型のHSS×HSPさんに共通するのは、誘われたり予定を入れるときは、気にせずじゃんじゃん入れるのですが、あとで自分の立てた計画のハードさに、圧倒されてしまうことです。月曜日の退社後は高校の同級生と食事、火曜日は習い事、水曜日は同僚と飲み会、木曜日はオンラインセミナー、金曜日は上司と個別MTGなど予定を入れ、週の途中で「もう無理！」とダウンタイム（休止時間・くつろぎ時間・神経を休める時間の意）が必要となります。相手に悪いからそうしたい訳ではないのに、あとの予定はドタキャンせざるを得ないという話もよく聞きます。

「え？ 自分で入れた予定なのに？？？」とこの体感を分からない方にはハテナマークが飛びますね。好奇心旺盛でエネルギッシュ、冒険心も旺盛だけど、刺激が多すぎる時にその人の神経の許容範囲を越えてしまい、人知れず悩むのです。

HSPさんの中には転職回数がとても多い人たちがいますが、HSS×HSPさんはその傾向が強いように感じます。

かたや、内向型のHSPさんは、穏やかで平和な日常を好みます。規則性や予定があらかじめ分かっていることが大切で、急な予定変更や新しい場所にいきなり行くなどは嫌いな方が多いです。少しでも危うさを感じるチャレンジも好きではありませんし、自分の能力を超えるオファーなどに対してもとても用心深いです。

例えば栄転や昇進の話が来たら、大多数の人は「そりゃ受けるだろう！ めでたいじゃないか！」と思いますが、この内向型さんたちのなかには、それは自分の能力の範囲外と考えて断ったり、自分の働く環境が心静かで葛藤がないことを重要視して、栄転よりも社内での環境調整に力を入れることを選ぶ人もいます。

仕事では規則性のあることやルーティンな業務に力を発揮する人も多く、刺激追求型のイノベーティブなやり方というよりは、プロジェクトや組織の土台をきちんと支えていく業務のほうに力が発揮されます。

不思議なことですが、同じHSPでも、刺激追求型HSP（HSS×

HSP）と内向型の方の人生はまったく質感が違ったものになります。
刺激追求型のアセスメントポイントが高い方に、海外旅行について聞いてみると「知らないところや、行ったことのないところにこそ、行きたい。行ったことのある同じ場所に再度行くことの意味がよくわからない」とか「少しくらい危険なところと噂されていても、安全情報や地元の情報を死ぬほど確認して安全と思えれば、行きます。好奇心が勝ってしまう」と言います。
私はHSS（刺激追求型）ポイントがそれほど高くないHSPです。情報があれば危険地帯でも行くかもね、と笑うHSS×HSPさんの心境はあまり理解できませんが、このように、同じHSPであっても外向型や刺激追求型のHSPさんと内向型HSPさんのふるまいには大きな違いがでます。

日本の教育では「チャレンジすること」「果敢に努力すること」「新しいものごとにも心を開いて飛び込めること」が称賛されます。どんどん飛び込む人のほうがよい評価を受けやすいというのが実際のところです。
ですが、内向型HSPさんの指向や仕事の仕方は、丁寧で緻密でミスがなく、華やかな振る舞いはしなくても、着実で非常に信頼できるものです。
組織には、このような人たちがいないと土台が揺らいでちゃんと回りません。

内向型でも外向型（刺激追求型）でも深い神経処理という基本特性はHSP共通のものですが、人生の方向や職場選びのときにはこの「内向／外向（刺激追求型）論」も参考にすると、さらに自分に合った選択ができるかもしれません。

＊刺激追求型チェックリストは、アーロン博士のサイトで見ることができます。

http://hspjk.life.coocan.jp/HSS-Test.html

＊外向型と刺激追求型は同じではない、という議論もありますが、アーロン博士が解説する映画のなかでは、ほぼ同等に扱っているように見受けられますので、本書ではほぼイコールとして扱います。

2章
HSPと非HSPとの違い

感じ方の違いが人間関係のズレをつくる

２章では、HSPとはどういうことなのか？ が分かりにくい方のために、HSPさんとHSPでない方の違いという視点で見てみます。非HSPという書き方はステレオタイプな二元論という印象があり、あまり使いたくない言葉ですが、わかりやすく短く表現するために、この本のなかでは非HSPという言葉を便宜的に使うことにします。

よくある誤解ですが、非HSPさんは鈍感な人、という意味ではなくて、言ってみれば敏感すぎない人です。敏感さが全くない、という意味ではありません。

HSP さんは、（比較の問題として）よく気づく神経系・脳の処理をします。

人間は、生まれてから死ぬまで、他人の身体に入ることはありません。変な言い方ですが、他人の感覚を本当の意味で体感・理解することは不可能です。「感じ方」はどこまでいっても、その人だけのもので、他の人からはわかりません。それなのにすべての考え方、学び、その人の発言は、この「感じ方」「感受性」がベースになっています。モノの捉え方、視点など心の動きは、外から見た目で見えないので、認識することができないために、人はそのことでコミュニケーションがうまくいかないことが多々あります。相手が不可解な行動をしたときに「普通さ……」と、よく心のなかでつぶやく、あの感覚です。

この章では、HSP と非HSP さんの感覚の違い、気づきの違いを、直接インタビューした実例としてあげています。

相手とのモノゴトに対する感じ方の違いを理解すると、最初は「責められた」と感じていたことが「なぜそう言われたか」を理解できたり、「自分は全く気に留めてもらえないと思っていたが、相手はただ戸惑って黙っていただけだった！」とわかることがあります。

また「感覚の違いならば、相手に分かりやすい伝え方は工夫できますね！」と会社のなかでのプレゼン方法を変える方もいます。

この章は、感覚の違いを知り、「な～んだ、そうだったのか」という人生の謎解きがひとつでも生まれるといいなという期待を込めてお送りします。

「心配しすぎ」「もっと楽に生きれば」は100年たっても無理〜深い処理

学生時代に「神経質だねえ。もっと楽に考えたら？」とか、会社で「心配性すぎる、大丈夫だよ！ やってみてから言って」とか言われた方はいませんか？ それを言われても、どうすればいいか分からなかった人はいませんか？

敏感に気づく特性を、気づきすぎない特性に変更することはできません。「深い処理」というのは、外界や食物、異物に対する身体反応が鋭いことや、ものごとを深く考えたりすることとして現れます。もともとの神経の特性としての外界への反応の仕方なので、「反応を変える」ということはできません。

でも敏感さが減ったフリをする、ことはできました。相手が困った顔をしたり、親を心配させることが嫌いな子どもだったあなたは「気づいていても気づいていないフリ」、「うっすらショックだったけど、大丈夫なフリ」を健気に続けてきたのではないでしょうか。

「もっとおおらかに考えてね」
「細かいこと気づきすぎないで」

これは物理的に無理なアドバイスです。

左利きの方に、右のほうがラクだよ、というのが現代においてはナンセンスなように、背が高い人に、背が高すぎるのは不便だからどうにかできない？ というのがナンセンスなように、生まれつきの資質は変えることができません。

ホラー映画やジェットコースターが無理すぎる ～刺激の限界値が違う

以前、非HSPの男性がパートナーのことを相談にみえました。

「一緒に映画を観に行ったら、戦争の場面で悲惨な映像が流れたとき、妻が卒倒してしまって驚きました。妻はどこかおかしいのでしょうか。それとも今ネットで見かける繊細さんなのでしょうか」ということでした。

このとき、その男性と彼のパートナーの「感覚の差」について大いに話題になりました。男性は「映画のなかのことで、あれは作り物なのに、なんでそこまでオオゴトになっちゃうの？」とおっしゃっていました。妻は「あんなにひどい映像を見て、気分が悪くならないのが羨ましい」と言ったそうです。

男性は続けます。「そういえば、いつもテレビの音をもう少し小さくして、とか、冷房が寒すぎるとか、電話が鳴るちょっと前に『あ、電話』と立ち上がるんですよ。

最初は少し驚いたりもしたのですが、最近では普通になってしまって気にもとめなかったけど、これが敏感な特性ってことなんですか？」とおっしゃっていました。

刺激に細やかに反応するのがHSPですが、人によって受け止められる刺激の量は違います。このことは20世紀のはじめにすでにわかっていました。騒音の激しいところにずっといる、満員電車に乗る、人前でプレゼンをしたなど刺激が強い1日を過ごしたときに

「疲れてもう何も考えられない」とか、仕事から帰って「バタンキュー」という状態は、HSPさんにとってはあたりまえの日常かもしれません。（土日に全く起き上がれないなどの酷すぎる慢性疲労は、脳に炎症がある可能性が指摘されていますので、専門医受診をお勧めします）

刺激は、人体の外側からも「内側からも」やってきます。

映画の悲惨な映像、職場のフロアの喧騒、前を歩く人が急に止まった、満員電車の何かが混じり合った匂い、添加物を感じる食べ物、ザラザラしたフェイスタオルなどの外側からやってくる刺激。空腹や痛み、喉の乾き、性欲、怒りを反芻してムカムカするなどの内側からの刺激。そのどちらにも平均値より強く反応するのがHSPさん、というわけです。

あたかもすべての景色の解像度をあげて世界を眺めているような、という言い方はできるでしょうか。同じ「吊り橋の画像」を見ていたとして、橋板の質感、小さな穴、縄のこまかいほつれ、間隔が不揃いなところ、色の微妙な濃淡、背景の森のなかに一本違う樹が混じっているなど、多くの人が気にも留めないようなところまで気が付く。受け取り（感受性）の精度と深さレベルが大きいのです。それは強みとして使える特性ですが、同時に自分の刺激を受け取れる限界を体験的に知って、許容量を超えないように環境をコントロールする努力も大事です。

人の気持ちがわかる。
それは相手の人の感情を写しとるレベル～共感力の差

1990 年代にサルの脳で発見されたミラーニューロン。

他の個体の行動を見て、まるで自身が同じ行動をとっているかのように"鏡"のような反応をする神経、という意味です。

これによって私たちは、ダンスのインストラクターの動きを真似たり、人の感情を読み取ったりすることができると言われています（ただミラーニューロンに関してはエビデンス不足を指摘する研究者もいます）。HSP さんはこのミラーニューロンの反応が非常に強い傾向にあります。だから他人に起こったことを、自分の身に起こったことのように感じてしまう人が多いとも言われます。

例えば、あなたを含め 5 人での会合のあとに高橋さんが「ランチ行こうよ！」と言い出したとき、「あら、鈴木さんは行きたくないんだな」とそのちょっと乗り気じゃない鈴木さんの態度を感じ取って、思ったとします。それでも高橋さんがしつこく誘っているのを見て、「なぜ鈴木さんは行きたくない表情を浮かべているのに、そんなに誘うの!?　……普通さ、相手が嫌な顔してたら誘わないでしょ」と思う。これは人の気持ちを察知しすぎているHSP さんにはあるあるではないでしょうか？

あなた以外は鈴木さんが、いつもと違う、気が進まない表情をしていることに気づいていないのです。ほんの微細ないつもの表情との違い、皮膚の血色などを無意識のうちに観察して、「直感」レベルで判断していることもあるとアーロン博士は言います。

または会社で上司が大きな声で誰かを叱咤しているとします。

「普通、そこまで言わないでしょう。言い方がひどい……」とHSP さんはその時点で具合が悪くなるような体験をしていても、

あたりで仕事をしている同僚の顔は、何も起こっていない通常の表情です。「みんな我慢して、気づかないフリをしているの？」と思います。

人の痛みに共感しやすいHSP さんと違って、非HSP さんは「注意を受けている人の気持ちを自分の痛みとしては受け取らない」バリア機能が強いので、ほとんど影響を受けません。それは思いやりがあるとかないとかの問題ではなくて、脳が共感を処理する仕方が違うから起こる感覚の違いのようです。

人の感覚と自分の感覚は、違うということ。HSPは少数派の感覚であること

これが日常の場面で腑に落ちると、これまであらゆる場面で「なぜ？」と思っていた人生の不可解さの謎が解けた！ と膝を打つ人が多いです。違いをきちんと認識すると、一方的な思い込みから自由になって、「悪気はなかったのだな」とか「精一杯やってくれたけど方向性が自分とずれていたのかもしれない」とすれ違いを別の角度から見ることもできます。

違いを明らかにすることこそが、対話のはじまりですね。

共感力が特に強いHSP さんは「相手の気持ちを理解する、じゃなくて相手の気持ちと同化する」とか「人の感情がなだれ込んでくる」という表現をする方たちがいます。他者として相手が話したことを他人ごととして理解するレベルではなく、他者の感じ方に同化している自分を感じているのです。

あるとき、セミナーのなかで上記のように「相手の気持ちと同化してしまう」と人の気持ちに共感しすぎることを説明したHSPさんがいました。それを聞いた非HSPさんは「え？？ 相手の気持ちを分かるって、言葉で説明されたからわかったのよね？」と問い返しました。「そうじゃなくて！」とまわりの4人が同時に手を横に振り、自分の共感能力が言葉によらずノンバーバルな領域を多く使うことを説明していました。ノンバーバルとは言語以外で行うコミュニケーションのことで、人の表情や声の調子、香りなど五感によってとらえることを意味します。

非HSPさんは「40年以上生きてきて、少数派になったのは初めてです。疎外感ってこういうことなんですね！」と驚きの表情を浮かべていました。

もちろん共感能力が高い傾向があるものの、きちんと相手に確かめないと100%正しいかどうかはわかりません。それとなく、自分が感じたことと相手が実際どうなのかを確かめていく努力が必要です。会議や打ち合わせの場面で目の前の人がなんとなく渋い表情をしているとき、HSP さんは「自分が気に触るようなことを言ってしまったかな？」と思いがちです。ですがちょっと気分が沈みそうなときでも「A さんは、このことについて賛成ですか？」、「おおよそ実行可能とお考えでしょうか？」など、丁寧に言葉を使って確かめることをお勧めします。

「ん〜賛成だけど、部内では不賛成の人も多いだろうなと思って考えているんだ」とか「ごめんごめん、ちょっと気になることがあって他のこと考えていたよ」とか、自分に向けられたネガティブな感情でないことも多々あるはずです。ああ、予想と違った、という場面に出会うことこそが貴重な体験となります。感覚が違う人と協働するときには恐れず言葉をつかって確かめていくといいでしょう。

「７割でいいから早く進めて」 VS「７割ってどこまでなの？」

HSP さんの職場のお悩みでよくあるものは、「仕事が遅いと言われる」、「あなたは完璧主義だと言われる」、「『7 割でいいから早く仕上げて』に対応できない」、というものです。

たくさんの方から事情を伺うにつれて、仕事が遅いのは、ただ単に行動や思考の速度がノロいのではなくて、いろいろなことに気がつき、調整や変更を加え、仕事の細部にわたるまで 120％完璧にして進めようとすることで、「仕事量そのものが増えている」のだということがわかりました。

要するに、「あれもしなくちゃ、これもしておかなくちゃ」という思考で仕事の完成度を追求するので、同じ範囲の仕事でも非 HSP さんより、多くのことを抱え込んでしまう傾向があるのです。

たとえば資料作成ひとつとっても、行間がそろっているか、送り仮名が統一されているか、フォントが途中で変わっていないか、半角スペースと全角スペースが混じっていないか……などということが気になって直さずにはいられない、という声をよく聞きます。仕事が増えるというのは、たとえばそういうことです。

非HSPの経営者の方に、HSPの社員さんの「仕事の速度はどうですか」と聞いてみると、案の定「そうなんですよね〜。丁寧なんですよ。すっごく。それはとても評価しています。でももうちょっとスピード上げてほしいんですよねえ……」と返って来ます。

さらに「仕事を雑にしていいって意味じゃないんですよ。でも7割で進んでくれて良いんです。HSPさんに7割と言っても、手を抜いたり仕事を雑にしないことはわかっているので、そういう言い方をするんですけれどもね」とおっしゃいます。

その話を聞いていたHSPさんが言いました。

「私もよく、完璧を狙いすぎなくていいから、早く進めてと上司に言われるのですが、完璧じゃなくていいって言われても、どこまでで良しとすればいいのかがわからない。普通の人の7割ってどこまでだと理解すればいいんでしょう。上司に聞いてもうるさがられそうだし……」と困り顔でした。

7割という感覚を共有することができないことから起こった事例です。感覚の違いを完全に超えるのは、不可能ですね。

感覚でやりとりするのではなく、なるべく視覚化して相手と対話することによってお互いの納得を得ることを試みましょう。例えば、問題となっている仕事やプロジェクトの全体像を細分化し、ふせんに具体的タスクを1項目ずつ書き、テーブルに広げて目で見てどのくらいのタスクがあるのか共有します。そして相手にとっての7割というのは、どのくらいのことを指しているのか、量の話なのか、対話後の完成度の話なのか、それとも時間で区切っていいのか、コミュニケーションをとってみたらいかがでしょうか。毎回表を広げて確認するのは、相手にとっても負担かもしれませんが、一度でも深くコミュニケーションをとってみることで、お互いに納得のいく落とし所を見つけやすくなります。どうぞ臆せず一度は話を持ちかけてみてください。

じっと観察し考え込むHSP～さっさと動ける非HSP

HSPは部署移動や転職などで居場所が変わると、新しい場所がどのようなメンバー構成なのかどんな雰囲気なのか、まず観察したり感じ取ろうとする方が多いです。19ページで解説した行動抑制型の特性が強いと、まずはまわりを観察することによって、自分がどう動いたらいいのか、例えばどういうキャラクターやポジション取りでこのチームに対応すればいいのか深く考えるのです。または多くの情報を短時間で感じ取って直感的にできる人もいます。（アーロン博士は学ぶという意識なしにたくさんのことを学んでしまっていることがある、と言っています）

また、そこで考えていること・感じていることが多いために、言いたいことはたくさんあるのだけれど「どこから説明すればわかってもらえるだろう」という疑問が浮かび、ぐるぐる考えていて発言できないという状況に陥りがちです。

会社の会議で「意見がある人いますか？」と問われて、「どこから説明したらいいんだろう。議論が本質的な問題とずれているから、問題提起したほうがいいだろうか、それともこの会議時間のなかで自分がこれ以上発言したら迷惑がかかるだろうか、でもこのプロジェクトは来月が締め切りなのだから今このタイミングで言わないとタイミングを逸することになるが……」などといろいろな角度からいろいろな事案を勘案して頭のなかで多方面から検討したり比較して迷っている間に、「では次に行きます」いう声がかかり、言えなかった！ ということはありませんか？

HSP さんのなかでは、無防備に自分の思っていることを、思った瞬間に発言する人は少ないです。

いつも熟考し、どうしたら全体がうまくいくのか、どうしたら誰も傷つかないで進むのか、まわりの人に負担をかけないか全体的に複眼的に考えています。

だからこそ、言葉がでてこないで時間が経過し、もどかしさを感じます。そのことを表して「自分はアピールが下手で……」という方もいます。

逆に非HSP さんは、考えすぎないからこそ、情報処理の時間に足をとられずにどんどん発言したり、チャレンジしたり、物事を推進できるという特徴があります。

繰り返しになりますが、これは「特性の違い」です。

浅めの情報処理で早く動ける、という特性は一生手に入りませんが、深い情報処理でチームが抱えているリスクや回避すべき箇所、話し合っておくべき箇所などははっきり見えているはずです。伝え方に工夫がいりますが、できることの違いを明らかにして、「君がいるおかげで細かいリスクを拾ってもらえる安心感があるよ！」と会社に重用されているHSP さんもいます。これは「できること」なのです。少数派ゆえの「できないこと」に傷ついてきたHSP さんがほとんどですが、自分の得意をはっきりさせていく、という気持ちでひとつひとつの仕事に当たっていくと、逆に人ができないところで力を発揮する、という場面がでてきます。

コラム　HSPと知って、自分を責めなくなった

学校にしても会社にしても、人と一緒に何かをしているときに、自分だけ外れていたら、誰もが不安になりますね。群れで生きることを正とした私たち哺乳類は、群れから外れないように、人との繋がりを査定する自律神経（社会的神経＝腹側迷走神経）を身体に備えています。

けれども少数派であるHSPさんは、感覚が他の人と違うことをとても小さい時から感じています。登園しぶりや登校しぶりのあるHSCちゃん（ハイリー・センシティブ・チャイルド）の言葉を聞くにつけ、大体３～４歳の頃から、自分と人とはなんだか違うことを感じ始めるようです。

人との違いを感じる時、少数派は自分が「間違っているのだ」と感じます。何とかして自分の間違いを正さなくては、正しいやり方、正しくできる人と同じようにならなくてはという意識が働きます。本当は違いであるだけなのに、そしてその違いがあることによって人類という種が生き残ってきたのに、HSPの概念をきちんと知るまでは、それが「違い」であって「間違い」ではないことが分かりにくく、一方的に「自分はみんなと同じようにできないダメなやつなんだ」という自己否定感にさいなまれたりします。

自分が少数派であることを正しく知り、少数派だからこその強みを認識することによって、HSPさんは初めて、心から自分を受け入れ自分の強みを発揮して成果を出すスタート地点に立てるのではないでしょうか。

非HSPとHSPという対立概念は、ステレオタイプによりすぎた極論とも言えるかもしれませんが、そうやって対比して考えると、自分の特徴がとらえやすいというのも事実です。

比較するからと言ってどちらがいい悪いという優劣の問題ではなく、苦手分野・得意分野を見定めることや、守備範囲の問題と考えることができると、「なーんだ、私このままでいいんですね」とホッとした笑顔がみられます。

3章

HSP共通の強みとは
スムーズに成果を出すために

少数派だからこその強みは、活かしたほうがいい

２章では、HSPと非HSPの違いについて見ていきました。

「そこまで感覚が違うのか！」「見ている世界が全く違うじゃない」と驚かれた方もいるでしょうか。「みんな普通こうだよね」と思っている前提自体が不必要だと思えると、なぜか皆さん明るい笑顔になります。

- 自分が「おかしい」のではなかったのか！
- ただ単に自分だけはずれているのではなくて、そこには科学的な理由があるのか！

この事がわかると、もやもやが晴れ、不可解だった自分の人生の謎解きにつながります。理由がわからないまま場当たり的に対処していることをやめると、ようやく自分のありのままの資質や強みを見ていく準備が整います。これは私がご相談者のみなさんから教えていただいたことでした。

3章からは、実際にHSPが社会で活躍するための強みについて見ていきます。「ああ、自分ってこんなに人と違うのか」、と違う自分を一旦受け入れて、自分をまるごと活かす方向に視点を転換し、無理のない、楽で元気のでる毎日に飛び立っていった人をたくさん見てきました。HSPの理論とは、まさに「視点転換のツール」です。

自分の強みとHSPとしての特徴をうまく会社に伝えて、会社に重宝がられている人もいますし、自分の目指すライフスタイルをはっきりさせることで、昇進を断り、そのかわりにワークライフバランスのとれた理想の生活を手に入れた人もいます。

自分の強みを発見するには、いい意味で「人との違い」を見ていくことにこそカギがあります。

HSPは、もとから少数派であり、多数の人が「普通」とする状態が普通ではないことがたくさんあります。

- 気が済むまで周囲を観察してからでないと動作に移れない（動物においてもこの傾向があるかどうかで、研究者が高敏感個体を判別する目印になっています）
- 強い香り、大きい音、強い言葉、空腹などを人より敏感に感じ取り、自分だけダメージを受けてしまう
- 長時間ぶっ通しで活動することができない
- なんだか漠然と浮いているような気がする

そのことを、ほとんどの人が「どうにかしなきゃ」と思い、自分の敏感さに嫌気がさしているかもしれません。
とてもよくわかります。私も大勢の前に出ると凍りつく自分を、学生の時に疎ましく思い、なんとか「矯正」しなくちゃと思っていました。

一旦発想を逆転して「変えられないこと」と「変えられること」は何かを考えてみませんか？ そこには思ってもみない景色が広がります。

「変えられないこと」＝HSP の定義であるDOES です。**（P13）**
「変えられること」＝「現在の神経反応」です。**（5 章）**

HSPという資質とともに自分の個性である「強み」を見つけよう

最近は組織の人事研修や就職戦線のセミナーなどで、「弱みを引き上げようとするな、強みで仕事しよう！」などのキャッチフレーズをよく見かけます。
「強み」という言葉は、現在メディアや団体によって、いろいろな意味で使われていて、定義が曖昧です。取得した資格やノウハウ、利用できる人脈や場所など、仕事にプラスに作用するもの全部をひっくるめて「強み」と呼んでいる場合もありますが、本書では、「生まれ持ったもの」「努力しなくてもはじめから人よりできること」を「強み」や「才能」と呼びます。「後天的に学習した能力」ではなくて、「もともと持って生まれたもの」です。
たとえば「足が速い」などは誰もが認める「強み」でしょう。足が速い子は、保育園や幼稚園のときからリレーの選手として選ばれていることが多いですね。対して「そろばん」や「水泳」、「英会話」

など習ったり訓練したものは、リソースのひとつではありますが強みと呼びません。働く中で体力や英語力がリソースとなっていることはありえますが、本書でいう強みとは最も土台となる固有の力であり、「瞬発力」や「記憶力」のような、身体や脳の使い方の個別性や偏りのことです。偏りがあることで、そこには人との違いが生まれます。

「強み」とは人との違いで際立っていることです（才能と強みの違いは、才能が生まれ持っての原石のようなイメージであるのに対し、強みはそれを磨き上げて使えるものにしたもの、という意味で使っています）。

「足が速い」は、外から見てもわかりやすい強みの例ですが、HSPさんならではの強みは、肉体的なことではなくて「内面的な力」です。なぜならHSPは神経系や脳の特性だからです。（運動や身体能力に強みがあるHSPもいます）

次に強みの例を見ていきましょう。

まずこの章ではHSPのよくある強みを紹介します。人によってどの強みがあるかは異なりますが、ご自身を振り返ってみるキーワードとしてご利用ください。強みはひとりのなかに100個や200個はあると言われます。自分はどうかなと振り返り、意識することで強みは仕事のなかで使えるものになります。

また、ここに取り上げることは、HSPにはできて非HSPにはできない、という意味ではありません。概してHSPさんは、ここが得意であり、興味も集中しているという意味です。

強みの種類分けとしてこの本の考え方はHSPの4つの条件にそってご紹介します。

アーロン博士のHSPの定義「DOES」の4つの特徴のうち、唯一の不都合ごと（弱み）であると博士が指摘した、O(刺激過多になりやすい)を除いた3つを強みとしてリフレーミング（見方を変える）します。

D
Depth of processing
深く考え、深く処理する
＝深い処理

O
Overstimulation
刺激を過剰に受ける
疲れやすい

E
Empathy and emotional responsiveness
感情反応が強く、共感力が高い
＝情動伝染

S
Sensitivity to subtleties
ちょっとしたことに気づく
＝敏感な察知力

深い処理、洞察力の要素の強み

強みポイント：クオリティの重視、手抜きは苦手〜品質担保力

どんな仕事をするにも、今よりもっと良くなる完成形の瞬間的なイメージが浮かび、前提となっています。

たくさんできる、短時間で終わる、もよいことだと分かっていますが、その品質・クオリティが高いと判断できることがＨＳＰさんの満足の源です。「間違ってたら返ってくるんだからとにかく仕上げて出せばいい」などはHSPさんができにくい思考かもしれません。資料作りひとつとっても、フォントや行間はすっきり揃っているか、見やすいか、数字はわかりやすく整理されているかなど細かいことが目につき、人が気づかないところで改善しています。また、掲示板の位置や書き方を工夫して職場の物理的な導線を考えたり、「より」働きやすいように積極的にこころ配りする人もいます。

バランスポイント：心を砕き時間と手間をかけたことが、周囲にわかってもらえなくて本人は落ち込む、ということもあります。人よりこだわりが深いのだということを思い出し、クオリティにこだわったことが伝わらなくても必要以上に落ち込まないようにリフレッシュしましょう。

強みポイント：複数の道筋をイメージ～複眼的思考力

ものごとを深く、よく考える姿勢があらかじめ備わっていて、俯瞰も得意なので複数の「道筋」や「場合」をイメージすることができます。

例えば、会議で同僚がA案を出し、別の同僚がそれに対して反対意見を出した時、他の全員が「賛成・反対の二律で考えている」のに、それを見ているHSPさんの頭の中は例えば次のように忙しく動いています。

「0か100かの議論ではなく、いいところを組み合わせたほうがいいんじゃないだろうか。そもそも二人の意見の背景となるステージが全く違う。ひとりは単に売り上げを見て話しているけれども、もうひとりは中長期のコーポレートイメージを含んで話をしているみたい」「だが時間的にややこしい展開にしないほうがいいかもしれない。シンプルな妥協案を出そうか」「いや、今日のところはみんなも早く終わりたいようだし次につながる整理案をだすほうがいいかな」

会議で出た意見の内容や方向性、会議の進行の仕方、かかる時間、現在の参加者の状況など多角的に考えています。種類の違う意見や、一見対立する意見があるときにそれを俯瞰して、融合点がどこなのか見つけたり、ゴールにいたる複数のプランを考えることができます。

バランスポイント：このような俯瞰的で複眼的なものの見方は、まわりから単なる心配性や取り越し苦労に見えることがあるので、状況やタイミングがかなうときにだけ意見するのでよし、と自分に許すような気持ちでいるといいでしょう。

強みポイント：1を聞いて10を知る～連想思考力

例えば「このパンフレットのここ、直しておいて。少しでも数字が違うと契約のときにエラいことになるんだ」という上司の通りすがりの言葉を聞いて、「そうか、ならここもあそこも、関係あるな。先月リリースしたあのパンフレットも来月のあそこの箇所ももしかして、直すところがあるんじゃないか」。そう思い始めて、関係箇所すべてのチェックをはじめる。思い当たる方はいませんか？

それは営業企画の立案であっても会議のレジュメ作成であっても、どのような作業でも自然とさまざまなことが目につくはずです。

少ない情報から、多くの情報を連想して、組み立て、仕事に活かすことができます。

バランスポイント：気が付くチェック箇所はあとからあとから出てきて、もうこれ以上やっていたら、通常業務が滞る！ということもでてきます。この時間、またはこの量になったらたとえ不完全でもやめる、というゴール設定が必要でしょう。

強みポイント：思考力に支えられた豊かな〜想像力・表現力

HSP さんの中には、子どもの頃、絵を描いたり、本を読んだりする静かな内的活動が好きだった人が多くいます。知識や思考量の蓄積が多く、イマジネーション力が自然に鍛えられていたりすることで、想像力が豊かです。小学校の読書感想文が、よく表彰されていたという方はいませんか。

イメージすることが得意なので、文章が上手で表現力や描写力の多彩さを認められます。他の人と同じことを書いても「様子がよくわかる」「デリケートなところまでよく描かれている」とほめられるようなことです。

このプロジェクトが次にどうなるか、このお話しが次にどうなっていくか、想像して次なる考え・アイデアを出せたり、一般の人が考えないような角度の企画やストーリーを作ることができたりします。

バランスポイント：想像力があり心のなかで物語を展開するがそれだけで完結してしまい、実行しないで終わり、実行するのが苦手という方もいます。ときには思い切ってすぐに実行に移してみましょう。

強みポイント：思考量の強度があり、考える絶対量が多い
～優れた分析力

洞察力の高いHSPさんは、言い換えると本質ウォッチャーです。本質に基づいたことを追求したり、ものごとを分析するのが好きな人は、研究職や大学の先生、企業の研究者、マーケター、情報アナライザー、リサーチャーなど、多くの情報を摂取して、それを分析し、ひたすら思考する専門職に多くいます。興味のある分野が見つかると、概してHSPさんは時間を忘れて没頭する思考量の強度がありますので、分析の深度も非常に高いものになります。

複雑なもののなかにある法則性を見出したり、分析し要点をまとめたりが得意です。

バランスポイント：あまりに考え過ぎることが続くと、交感神経優位な状態が続きすぎて、リラックスできなくなります。完璧主義なHSPさんが多いですが、脳が回転しすぎて不眠に陥らないよう、時間や終了目安を決めて「100％完璧じゃないけど今日は終わる」ことを自分に許しましょう。

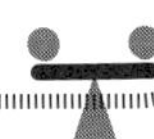

「私、ずっと座って一日中考えていたいんです。どうしたらそれが実現するでしょうか」と真顔で質問するHSPさんは結構たくさんいます。考えていることそれ自体が幸せのモトなのですね。

DOESの

共感力の要素の強み

強みポイント：優しいトラブルシューティング～サポート力

HSPさんは苦心している人に気がつくと、それをスルーせずに「もっとこうすればいいのに」「こうすればうまくいく、手伝おう」と自然に考えます。また仕事や物事がなぜうまくいかないのか察知して、無意識にさりげなく助け舟を出している人も多いです。子どもの頃からクラスや部活のなかでも、常にトラブルの種に気づいていませんでしたか？　居づらい人や仲間に入れない人にも気づいていましたね？　解決すべき問題に気づく面と今の相手の感情を察知する面の両方があるからこそ可能です。仕事だけではなく、会社のサークル、PTAや自治会、ボランティアなどすべての日常場面でもこの資質が発揮されます。HSPさんは相手の笑顔など肯定的な経験から人より多くの恩恵を受けることが研究の結果、わかっていますが、トラブルに気づいて相手に寄り添うことで、自分も人からポジティブな活力を受け取ることができます。

バランスポイント：コミュニケーションがとれていない状態で全体や相手を良くしようとすると、おせっかいととられたり、正論の押しつけだと周りに鬱陶しがられたりする場合があるので、繋がり感と信頼を得る関係構築の順番を先にしましょう。

強みポイント：共感力を使って良き相談役に〜共感能力

HSPさんは相談相手としての能力が高いです。それも他人ごととして相手の訴えから分析的に理解するのではなくて、その人の体感や思考を写しとるミラーニューロンの働きによって、「その人が感じているのと同じ様に」理解する人たちが多いのではないかと言われています。相手が痛みを感じていたら痛みを、悲しみで胸が塞がれる感じであったら、自分もその塞がれた体感を心に内包しながら「自分ごと」として相手の状態を理解します。多数の人は相手の痛みを理解するときに、自分は痛くないけど、相手は痛いんだなと理解する、というところが違います。

共感力が高いHSPさんは、「人の気持ちが入ってくる」「今ある感情が、人の気持ちか自分の気持ちかわからないときがある」と表現するほどです。

組織のなかでも、「あの人はわかってくれる」と自然に相談ごとが集まるというHSPさんは多いので、それを上司が察知したときには、人をまとめるチーフ的な役割に任命されたり、人事部の仕事を任されていく人もいて、相談役としての力を発揮します。

バランスポイント：相談ごとが多く集まりすぎると、自分より相手の都合を優先しすぎたときに、神経の限界を超えて疲弊してしまうので、自分の疲労度や限界を考えて加減しましょう。夜中のLINEに答えなくても相手に「悪い」と考える必要はありません、正当な境界です。

強みポイント：相手ならではを尊重しながら遂行〜個別性認識力

自分の外側へ向ける感じ取りセンサーが強いため、目の前の人がどんなキャラクターで、どのような個性があって、どのような立場で、今なにを欲しているか、などその人ならではの事情や方向性をキャッチします。この人はこうだけど、この人はこう、と個性の違いをきちんと捉えるので、相手にも喜ばれそのことが活力の源にもなります。人へのプレゼントを選ぶのがうまいHSPが多いです。「今これをやったほうがいい」「こっちの案のほうがいい」という自分の意見を、相手によって抑えたり、タイミングに配慮した発言が得意なのも、現在の場の個別性を認識できるからであり、その結果、組織の調整役やチームリーダー、人事として強みを活かす人もいます。また相手がやりやすいようにわかりやすいように手段や説明の角度を変えることもできます。

バランスポイント：相手の事情や気持ちを読み、ある一人の人の立場に寄りすぎると、公平性を失ったり、日和見主義と捉えられることもあるのでバランスに気を配りましょう。

強みポイント：チームリーダーとして力を発揮～成長見守り力

従来のパワー牽引型のリーダーではなく、支え理解しつつ導く「共感のリーダーシップ」を発揮できます。HSPは言語外の感覚を理解できる力を発揮して、理解と共感で人を導くことができることを、HSPでありアメリカGnuTalent社経営者であるジュン・ヒューズ氏が指摘しています。

概して感覚的に察知する力、聞く力が高いので、自分より経験の浅い人の成長を促したり忍耐強く見守ることができます。例えば、部下に「何があればもっとこの仕事がはかどるのか」「どの仕事を任せるとこの人は成長するか」などに気づきそれをヒアリングし、環境調整に心をくだくようなことです。

またやる気があるのに空回りしている部下には、的確なチャンスを与えて、できたときに人知れずそれを仲間にアピールしてあげて、功績を持たせる行いも得意です。自然で思いやりのあるふるまいが、人の成長を促進できるチームリーダーとして歓迎されます。

バランスポイント：他人の状態に過剰に同調しすぎたり、依存的なリクエストを聞きすぎたりすると、成果や目標達成のために費やす時間とのバランスがとれなくて悩む人もいます。リーダーとしての成果構築とメンバーや後輩に費やす時間のバランスをとりましょう。

強みポイント：両者の気持ちの翻訳者ができる～関係調整力

HSP さんは場のなかで、その誠実さや優しさを信頼され、そのことで目立ち、小さい頃からまとめ役や代表に推されてきた人が多いです。先生に頼まれたという方もいるでしょう。

しっかりもので聞き分けがよく、いろいろなことに気づくので、クラスで何かに遅れをとっている子のお世話を頼まれたりすることが多かったという話もよく聞きます。

「あの人はこれができるけどこれはやりにくいみたいです」など、間に入って伝えたり、「あの人が言っているのはそういうことではないので、誤解です、こういうことです」等感情のもつれや誤解を解いたり、複数の人物の関係をとりもつことができます。組織や働く現場でも、その力は自然にみんなの潤滑油の役割を果たしていることでしょう。

バランスポイント：相手の世話をすることに熱心なあまり、自分の都合や自分の好み・やりたいことを脇に追いやりすぎてしまったり、自分の考えをなかったことにしてしまうことがあります。相手の気持ちばかりでなく、自分の気持ちにもきちんと意識を向けましょう。

DOESの

察知力の要素の強み

強みポイント：業務改善や組織改変の必要に気づく力
～リスク察知力

HSPは扁桃体の働きが強いと言われています。扁桃体とは、脳の辺縁系に存在するアーモンドの形をした神経細胞の集まりで、恐怖や不安、悲しみなどの感情を起こし、危険を察知する働きをしています。HSPさんはこの力を使って、業務やしくみのなかにあるリスクを嗅ぎつけ、問題に気がつくのが得意です。

仕事の中で、なんとなく「ここ、まずいかも」と感じることがある、ということが多いのではないですか？「もう少しチームで話し合っておいたほうが良い」「このチームメンバーだと調整役が必要かも…」「次回のクライアントとの打ち合わせのとき、念のためこの項目も入れておいたほうが良さそう」などリスクを避けることに関して鼻が効きます。その気づく力は長時間の分析からくるのではなくて、無意識に近い気づき方をするのも特徴です。

バランスポイント：多くの人に影響が及ぶ懸念事項指摘については、伝え方をよく考えましょう。タイミングに気を配らないと思わぬ波紋や横槍が入ることがあります。または気づいても言えないときは悶々とすることもあります。相手とのコミュニケーションがとれているときに進言するといいでしょう。

強みポイント：クリエイティヴでイノベーティブな発想力

HSPさんのなかには、独創的な一群がいます。表現することにエネルギーを傾けていて、創造力が非常に豊かです。HSPは右脳が活発に働いている、という論文を発表した研究者もいますが、感覚的で体感的な領域で「アイデアが降ってくる」ような発想をしている人たちがいます。

芸術やアートの世界のみならず、働く現場でもそのクリエイティブさを発揮し、新しいイメージを既定路線にプラスしたり、新鮮な風を送ります。ひらめきで人生の進路の決断をすることもあります。個人で新しいことをはじめたり、新規事業を提案したり、イノベーションの元としてインスピレーションを使えるのです。名前のつかないお料理、なども上手です。

バランスポイント：論理的説得を主流とする文化では、うまく自分のことを表現したり周りを説得したりすることに苦手意識があると、感覚的な強みを「自分の独りよがりかもしれないし」と感じてしまうことがあります。論理的なものごとばかりが「正解」ではないことはソフトやコンテンツ制作などの分野ではよくあることなので、回数を積むことで確信と信頼を得ることを目指しましょう。

強みポイント：理由や材料がなくても「わかる」という感覚 ～直感力

Aさんは(先月の失敗を挽回しようとこの企画を)頑張っているのだな、Bさんは（先週リーダーと話し合っていたから）このプロジェクトのキーマンなのかもしれない、など、過去に見た場面と今起こっていることや相手の表情などを見て関連に気付いたり、あたかもそれが言葉で言われたことのように直感を確信的に使う人がいます。それは意識的に行われることも無意識的に行われることもあるとアーロン博士は指摘しています。本人は「理由なく、そうなんだ」と感じていることも多いですが、脳が関連性を察知しすばやく多くの情報を処理していることもあるのです。直感の正しさや精度については本人の感覚でしか判断できませんが、スティーブ・ジョブスは「心と直感に従う勇気を持て」という言葉を残しており、偉大な実業家のなかには大事なことは直感で決めると言う人もいます。論理的なことだけでなく、説明できないことや見えないものにも心を開く力も必要ですね。次章の感覚系HSPの項も参照してください。

バランスポイント：直感は、近現代社会においては科学との対立概念のなかで否定的に捉えられることがあるために、「きっと気のせい……」と自分の直感を信じられない人も多いです。効果検証しながら自分なりの使い方を見つけていきましょう。

強みポイント：「そんなことよく気がついたね」
～小さな違い感知力

ドイツ人心理学者が、コンピューターの画面上にさまざまな方向を向いた「L」が並んでいる中に、混ざっている「T」を探すという実験をしたところ、HSP さんのほうが非 HSP さんよりも早くて正確だったという結果が報告されています。

この実験結果からもわかる通り、ＨＳＰさんは注意力、小さな違いの感知能力が高く、書類の細かな間違いを見つけたり、相手の顔色が昨日とほんのわずかに違うことや、季節の匂い、味の違いなどすべてにおいて感知力があります。

例えば秘書などの細やかな配慮を必要とされる業務において信頼される人が多いです。「昨年と同じでいいよ」という指示に対して、「今年は曜日の並びを見ると連休にかかるから列車の予約は早めじゃないと」とか「今年は昨年の今頃より寒いからこのお土産のほうが喜ばれるのでは」など細やかな事象に気づきます。

細やかな察知力は、達成までの道のりを小さなステップに分けて着実に業務を推進する力にも発展させることができます。

バランスポイント：細かいことを気にしすぎて常にドキドキしていることになると、神経疲労がたまります。または細かすぎる指摘は周りとの軋轢が生まれることがありますので、自分の疲労度とのバランスや、周りとのコミュニケーションも感じながらバランスをとりましょう。

強みポイント：アイデアが豊富〜着想力

「考え方の角度が人と違っておもしろい」、「あなたの意見、斬新だね」という、着想の希少性を指摘される人もいます。

少数派の思考である時点で、視点の置き所が人と違い「そんな風に考えたことなかった」と言われることもあり、斬新な企画案を期待されることも。様々なことに気づいているので情報の蓄積が平均以上であることも関係しているようですが、発想力や着想力にオリジナリティがあり、その力をコンサルティング業務などに使う人もいます。人に喜んでもらうのが好きなHSPさんは、パーティや飲み会などの企画も概してうまい人が多いです。一方で、疲れやすいことや、目立つことに対して警戒心のあるHSPさんも多く、着想力はあるが、どちらかというと主催として引っ張るよりも、陰で支えることや人に手柄を持たせることに着想の力を使う人もいます。

バランスポイント：自分の好きなフィールドで自由に発想できる安心・安全の環境をゲットしましょう。苦手な分野で、人と比べられるなどのプレッシャーがあると、とたんに緊張して自分の力が発揮できなくなります。

心当たりのある強みがありましたか？「HSP の特徴は脳の深い処理」というだけあって、どちらかというと行動力よりも思考力に強みがあり、考えることにおいて実績をあげる人が多いです。

強みは、その人が幼いころからずっと使っている思考角度です。何万回、何十万回とその思考回路を使っているので、強度があります。

自分にとっては当たり前にできることなので周りに対して「どうしてできないの？」「どうしてわからないの？」などの思考になりがちだったり、過度にやりすぎたときに相手に不快感をあたえたりしてしまうこともあります。

考える続けることに強みがあると、すぐ行動する人に対して「もうちょっと立ち止まって考えたらわかるでしょう」と思いがちになりますし、戦略的に計画を遂行する人には、臨機応変に対応できる強みの人が「場当たり的」に見えたりします。

この章では、今まで弱みとしてとらえられがちだったHSP の特徴を、そのコインの裏側の強みとしてつかえることに気づいてもらえたと思います。ただ同時に、今までその特徴から、周囲の人の考え方や行動にダメ出しをしてしまったり、過度になりすぎて人間関係でうまくいかなかったとすれば、バランスポイントを参考にしてみてください。

4章
洞察系・共感系・感覚系HSP 私キャラを活かして働く

3章では多くのHSPに共通する強みを見てきました。この章では、さらに自分の強みを発掘し、自分らしく力を活かす視点を提案します。

「HSP」というざっくりした個性だけでとらえるのではなく、「HSPのなかでも自分はどうなのか」を知ることに役立ててください。HSPという分類は、「背が高い」「太りやすい」などと同じように、「神経処理が深い特性を持つ人」という、かなりざっくりした分類です。

社会のなかで「背が高い人はこういう性格」などという大雑把な決めつけは有効でないのと同じように、HSPという概念は、その人の一角を表すひとつのキーワードでしかありません。

レッテルを貼る、決めつける、ということではなく、内観の材料として自分の個性をもう少し細かく見てみましょう。

「繊細に見えない」HSPも存在する

HSP のセミナーやワークショップをこれまで 300 回以上開催してきました（2022 年 9 月現在）。

はじめてすぐの段階で「チェックリストではHSP だけど、私、繊細でも弱々しくもなくて……」とか、「ネットにでてくる儚い感じのHSP の特徴を見ていると、私は敏感だけどHSP じゃないなと思う」という人たちが少なからずいることに気がつきました。

その人たちは、「相手の望むことをやってしまう、合わせすぎて疲れる」共感力が高い繊細さんとは、日常的な感覚が非常に異なり、「なぜか分からないが人の気持ちの地雷をふんでしまう！」または「正論ばかり言うなと怒られたり、心配性すぎると煩わしがられたりする」、「小さい頃からまわりから浮いていて、そこはかとない疎外感がある」など、HSP の世間的イメージとは一見逆の悩みがあります。

HSP というと、人の気持ちへの共感力ばかり取り沙汰されるキライがありますが、そうじゃないタイプの方も多いです。

この章では、HSP としての「高敏感性」を、さらにその方向性を鑑みて、強みとして見直していく方法論をお伝えします。

アーロン博士のHSP の定義「DOES」の 4 つの特徴のうち、唯一の不都合ごと（弱み）であると博士が指摘した、O（刺激過多になりやすい）を除いた 3 つを強みとして見ていきます。

HSP として全て持っている能力ながら、下記のうち、どの力が中でも強いのか、という視点で見て、バランスとして一番高いものを自分で強みとして認識してみます。

Depth of processing
深い処理：洞察力

Overstimulation
刺激過多：唯一の弱み

Empathy and emotional responsiveness
感情反応が強く、共感力が高い
：共感力

Sensitivity to subtleties
些細なことに気づく
：察知力

例えば自分の日常において、考えすぎ、人の気持ちが入ってきすぎ、いろいろなことに気づき過ぎだなど感じたら、以下のようにリフレーミング（見方を変える）します。

洞察力が一番目立つ方（または自分の中でよく使う強みだと感じる方）を、**洞察系HSP**とネーミングします。

共感力が一番目立つ方（または自分の中でよく使う強みだと感じる方）を、**共感系HSP**とネーミングします。

察知力が一番目立つ方（または自分の中でよく使う強みだと感じる方）を、**感覚系HSP**とネーミングします。

「洞察系・共感系・感覚系HSP」という強みキャラの見方で人生が変わった

この章でお伝えする３つの「洞察系HSP」「共感系HSP」「感覚系HSP」という強みから見た高敏感の方向性は、職場や人生のご相談を受けたときに、ご本人の強みとしてどのような場面で際立っているか、それがどのように仕事の成果に結びつくのかを説明すると「HSPとしての自分の謎がとけた！」「なるほど！ そう使っていけばいいんですね！」などの感想をいただき、あまりにも多くの反響があったので、ここにまとめることにしました。

敏感性・繊細性があるとわかっても「HSPでなければよかった〜」など、自分のキャラクターを漠然と不都合なものとして扱っているうちは、備わった力を自分の強みとして使うことができません。何に対して自然と自分の敏感性が向いているのかを理解すれば、モチベーションのありかや今後の成長に目を向けることができるでしょう。

もちろん置かれている状況によって、よく使う強みが違ってくるのは当然です。

赤ちゃんがいる、お年寄りの介護をしているような状況においては、人の気持ちを機敏にキャッチする共感性が強く開発されますし、会社で分析的な物事への対処を求められる部署にいるときには、これまたHSPの「よく観察し考える」という特徴が活かされる洞察力が、ご自身のなかでより能力として開発されるきらいがあります。

この考え方を取り入れて、チームでうまく機能することができた人からはこんな感想が聞かれます。

- 「洞察系・共感系・感覚系HSP」という考え方で自分を見たとき、日常が変わった。
- この視点を得て同じHSPであっても人はそれぞれ違うんだ、と腑に落ちてからHSPの夫に対して「どうしてわからないんだ」と自問してぐるぐるすることが減ったので、整理された頭ですっきり仕事ができている。
- 同じ思考でいる人がたくさんいると知って、安心した。性格が歪んでいるのか？ 自分はおかしいのでは？ と思っていたが、自分の特性だということが改めて強みだと思えるようになった。

- 自分が頭のなかで考えていることが、平均より多すぎるという「現在地」に気づけたので、相手に合わせた情報の伝え方に意識が向くようになった。
- 物事を複眼的に見ているので、他の人が気づかないちょっとした違和感を、仕事のなかでアラートとして出すことができると思った。
- 仕事のやり方を変えました。共感力を使いすぎずに、洞察力を活かす形にすることで、仕事がしやすくなりました。
- 数としてほとんどの人は、私がこだわる本質には、興味がないのだなと知ることができたのは大きかった！本質論にこだわりすぎて、それを理解してもらうために結構無駄な努力をしてきた、それが地雷の原因だったと腑に落ちました。
- 話をしていて、自分は相手の関心より「真実や本質」が気になることがわかったので、相手の関心に気持ちを向けるように気をつけようと思いました。
- 普通から見て「深すぎる考えすぎ」な種族がいるからこそ、発展もあるんだと胸を張って言いたい。
- 子どもの頃から質問魔で、思ったことをすぐ口に出してはいけないと言われて育ったが、口から出すことで、相手の本意を知ることができるので伝えることも大切だと思えた。

以上のように、HSP という個性のなかでも、さらに人との「違い」を知ることで、自分の能力を肯定的にとらえ、使っていくことができます。

「洞察系・共感系・感覚系」それぞれのキャラクターの特徴

次に、自分の敏感さは何に向いているか、どういう偏りがあるかを見ていきましょう。そのコインの裏側に強みがくっついています。人間の思考や認知は、心理学者ユングやドン・クリフトンが指摘しているとおり、生まれつきまたは生育歴のなかで偏りが生まれます。考え方の「利き手」のような感じです。

HSPの3つの特徴的な人物像を見てみましょう。（体験的知見から特徴をとらえやすいように端的にまとめていますが、人間は複雑な生き物であり、それぞれの特徴は、あいまいな境界をもちながら連続している「スペクトラム」であることを前提とします）

キャラ①

洞察系HSPさん：考えることが好きで思考・分析・探求をする領域で生き生きと力を発揮します

- 幼い頃から難しいことや、哲学者のようなことを言う「本質ウォッチャーさん」
- 物事の背景やどうしてそうなっているかがよく見えるので、会社などでそれを指摘すると怪訝な顔をされたり嫌な顔されたりする。だから気づいていても気づきツマミを限りなく下げて黙っていること

が多い

- うわべだけ、や、浅いと感じる話が苦手で、それに付き合う席では疲労困憊してしまう
- 雑談力がない自分は社会的にダメだと思う
- 本質と外れている！と感じる組織の中にいるのがつらい
- 人間ウォッチングをし続けている、そのせいでテンポが遅く集団行動が苦手だと感じる
- 筋が通っているか、真実か、公平か、そこに価値がある
- 考えすぎてしまうことでヘトヘトになり、考えすぎて眠れないことも
- 考えが湧きすぎてしまい、文章をまとめる、発言をするうちにどんどん話がそれていったり、話が長すぎる傾向がある
- 部長が今日こういう注意事項をみんなに言うのは、昨日あのことがあったからだな、など一見関係のない事柄を結びつけて考えるのが日常
- ユーモアや風刺も好きで、いつも俯瞰して客観的に眺めているので司会やファシリテイターが得意
- 言葉選びに気を遣う。深い話は、話が通じる相手だとわかってから
- 先の予想、リスク察知が得意なのでそれを話題にすると「考えすぎだよ」「心配性だね、まずやってみてください」などと言われて傷つくことが多い
- 仕事始めに、仕事の全体像を教えられずに「とりあえず見えてることやってみて」と言われるのがツライ。この仕事が全体のなかでどう組み込まれているのか、知りたい
- 考えること自体が好き。ひとりでゆっくり考える時間がないとイライラする

キャラ②

共感系HSPさん：ケア職や育成職に多く、相手の感情に寄り添う力が大きい

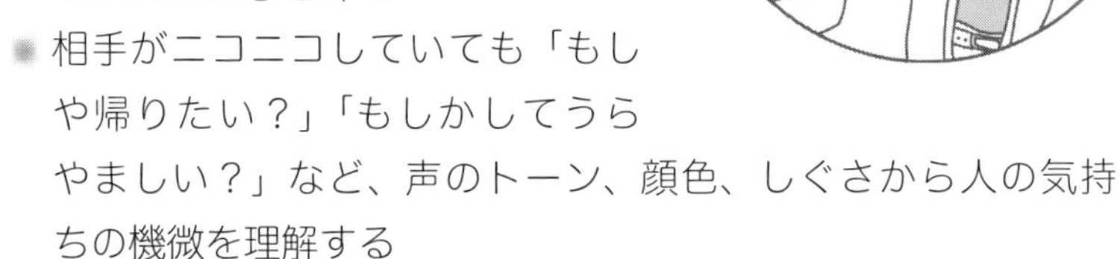

- 人の気持ちが手に取るようにわかる（と感じている）
- 子どものころから学校や会社などで、居心地の悪い思いをしている人、困っている人がいるとすぐに察し、そのことに心を砕く
- 相手がニコニコしていても「もしや帰りたい？」「もしかしてうらやましい？」など、声のトーン、顔色、しぐさから人の気持ちの機微を理解する
- 本音を見分ける力があり、「人の気持ちが入ってくる」「気がつく、じゃなくて気を受け取る感じ」と体感で表現する人が多く、自分の気持ちと相手の気持ちの境界線がよくわからないことが悩み
- 人のことは人のこと、と境界線を引くこと自体に罪悪感があることも
- 強い口調や大声での叱咤には疲弊し、声の大きい人に振り回される感がある
- 周りに気を遣うあまり、自分のことがよくわからないことがある。
- 誰も傷つかないほうがいいと思っている
- 人の反応を気にして期待に応えなければと思うと力が発揮できない
- 生きているなかで人の気持ちが穏やかで幸せなことを大切にしており、知らず知らずのうちに相手に譲ってしまうクセが

ある

- 自分の感情を抑えすぎてだんだんにストレスを溜めることも
- 後天的に（生育歴で）受けた心のストレスから過剰に相手に同調することに陥りやすい
- 相手の「伸びしろ」を見守り、成長をサポートしたい気持ちがある
- 相手が笑顔になれるためにはどうしたらいいかな？とよく考える
- 「この人の個性はここ」「この人が喜ぶことはこういうこと」と一人一人の違いをよく感じとる

キャラ③

感覚系HSPさん：五感・直感の察知力にすぐれ、人やものごとの状態を感知したり、インスピレーションやクリエイティブなセンスがまさっている

- 言葉に置き換えられない「感覚」「体感」の能力が特に高い。匂い、味覚、視覚、聴覚、触覚等外界を感知する感覚器の機能＝「外受容感覚」と、体内を感知する「内受容感覚」が敏感で、かすかなモノ・コトを察知する
- 小さな音や突然の音が気になる、光が眩しすぎるなど五感の鋭さがある
- 微妙な色の違いをよく見分ける
- 触覚面が敏感な人は、寝具やタオルや衣類の手触りにこだわ

りが強く、衣類のタグや縫い目のチクチクが一日中気になる

- 子どものころには「お母さん、味噌かわった？ コメかわった？」と味のささいな変化を察知した。レトルト食品の味や添加物が嫌だ
- 季節の変わり目の匂い、雨になる匂い、などを感じる
- 電車のなかで柔軟剤などの香りがまざること（香害）に苦しむ人がいる。街の匂い、国によって違う空気の匂いなどに敏感
- 電磁波への敏感性がある人や、地震や電話が来る前の感知など、波動に敏感
- 天候や気圧、寒いとか暑いがとても気になり、体調が左右される。
- 狭い空間やゴミゴミしたところ、片付いていない部屋やお店から視覚的に疲労を感じる
- 子どものころ特に直感力・第六感・スピリチャルな能力が強かった人もいる
- お腹がすいた、喉が渇いた等の身体感覚を無視して仕事することができず、まわりの人はなぜ平気なんだろうと思う
- 湧いてくるインスピレーションで創作をするのが好き
- まわりにいる人やSNSで発信する人の体調の波を感じる
- 植物や動物が好きで、一緒に暮らすというフィーリングで接している

感覚系・共感系・洞察系がどのような割合で混ざっているか、自分をサーチ（内観）してみる

では実際にご自身に応用していただく方法を説明します。

洞察力・共感力・感覚察知力は、HSPさんならどのチカラも持ち合わせていることでしょう。ものごとを深くよく考え、人の気持ちがよくわかり、ささいなことに気づくのは、HSPの定義である

DOES のO(刺激過多・唯一の弱み) を除いた３つの特徴です。

その３つの力のなかでも、ご自身はどの方向の力を使っていることが多いでしょうか。日常のなかでのバランスやグラデーションはどうなっているでしょう。人は使っている能力にバランスの偏りがあります。脳の利き手を確かめるような感覚で日常を振り返ってみましょう。

日常のなかでぼんやり考え、感じる、という感じでオーケーです。やりにくい人は先ほどの３つのキャラ説明から自分に当てはまるものを集めてみましょう。日頃職場で「使っている力」を考えてみてください。そして円のなかにご自身の特性としての「洞察力・共感力・感覚察知力」の割合を描いてみてください。

イメージしていただきやすいように例をあげてみます。

例えば、こんな図を描いた人がいます。

Dさんの例 ➡ 洞察系

Dさんが描いた円グラフ

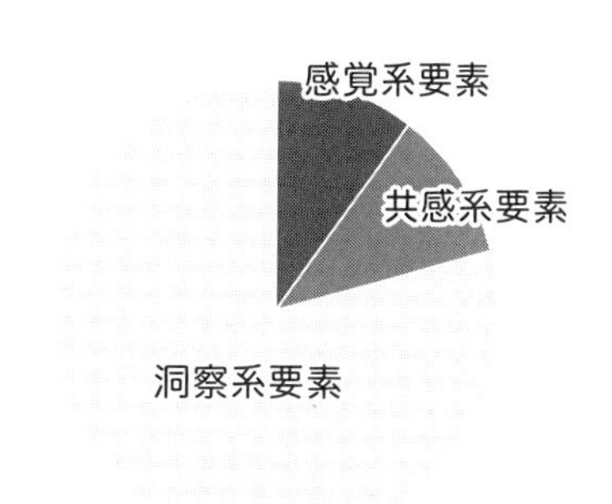

自分は洞察力をたくさん使っているというＤさんは、「ものごとを深く受け取る」「熟考に熟考を重ねる」部分に「深い処理」特性を使っていて、感覚の敏感性や共感力の強さはご自身の要素としてあまり自覚がありませんでした。

組織のなかでは、プロジェクトのコンセプトをみんなで共有して、チームが動きやすいようにするには、どういう担当分けするのがいいかな、と考えたり、職場の導線をこう改善したほうがいいのになあ、と考えたり、マニュアルのこの部分、無駄じゃない？ それをやると何の結果につながるの？ 改善しましょう、など合理的で効率的なものごとを考える方面にエネルギーを費やすことが多いです。

実際、洞察系HSPさんは分析や研究といった論理的思考が得意で、組織のなかで役割として「深く考える力」を発揮できると、やりがいを感じるかもしれません。単純なルーティンワークなどには疲弊を感じ、相手と深い話をすることを好むので、飲み会などの軽くて浅い会話より、興味関心が合う狭い範囲の交友関係のなかで深い話をするほうが好きです。

洞察系HSPさんの大好物は「真実」「本質」「背景」「原因」など。因果関係や物事の背景に対して、多角的に観察して、どれだけ回りくどい話であっても相手の言いたいことは「このポイント」と分かります。小さい頃からずっと本質好きで、考えが複眼的で深いことに特色と強みがあります。

いつもよくよく周りを観察してから始めるので「のろい・遅い・要領が悪い」など言われることもあります。

Dさんの言葉を聞いてみましょう。

「新しい部署に配属になったときに、『ここの部分やってください』と言われるとき。その組織の全体像や、自分が頼まれた仕事がどういう意味や全体の仕事のどの部分なのかがわからないと手が止まってしまうんです。一から説明していただけませんか、と言うと苦笑いされて『まあ、とにかく手を動かして』って返される。やるのですが…あとさき考えずやっても的外れなことが出てきているだろうなと違和感を持ちなが

ら仕事するのが辛いです。全体の仕組みがどうなっているか知らずに、みなさんどうやって仕事しているんでしょうか。

お客様への提案書がチームで共有されたときに、ここを直したほうがいい、あそこの構成をかえたほうが話がもっと伝わる、等々いろいろ気づいたことを全体をくまなく完璧にきれいに仕上げたいのですが、いつも上司に『もっと早く仕上げて、時間がかかりすぎている』と指摘されて、どこでやめりゃいいんだよ〜、と泣きたくなります」

頭のなかで常にたくさんのことを関連づけて考えている傾向があります。

洞察系／能力の活かし方＝思考・分析・探求労働

情報処理が 浅いけど早い VS 深いけど遅い　を理解する

真実や本質と言っても、その使い方は仕事内容や部署によってさまざまでしょう。まずは自分が考えている情報は、他の人と比べて「膨大なのかもしれない」ということを自覚するとラクではありませんか。業務改善の話などしても相手の返答が浅いように感じて「なんもわかってね〜な！」と相手にイライラするときは、違いでなくて優劣と捉えているかもしれません。

脳の動きには、浅い情報を処理し早く意思決定する動きと、深い情報を処理し時間をかけてゆっくり意思決定する動きの２種類があることがわかっています。

（情報処理と意思決定が）浅いけど早いVS 深いけど遅い　は、違いであり、そのどちらが得意なのかというのは、適性につながります。

例えば、機敏な動きが求められる営業さんは、考え込んでいるよりも回転数早く、行動を重ねたほうがビジネスチャンスを逃さずにすむ、というのはよく言われること。対して精密機械設計者などは、深く考えてじっくりと誤作動の起こらない商品を制作していくためには、ある程度時間を使ってたくさんの情報処理と試行錯誤をしながら確実で安全なものを作る必要があります。

もちろん営業さんであっても、営業企画で戦略的にチームを動かしていくポジションの人は、企画・提案・期内予算・販売促進案・製造管理との連絡など複雑な情報を頭のなかで組み合わせながら成果をあげる、という場合もあります。やっている仕事を「営業」とか「企画」とか「事務」など職業名や役割名のくくりでとらえずに「やっていることのエッセンス＝Doing」で探ると強みとして使いやすくなります。

- 多角的な情報処理をする
- 人と一体感のある場づくりをして話を進める
- 数打ち試しながら最善を導く

などです。

上記のように自分は本質的にどのようなDoingを強みとして使っているか、からみていくと、自分にフィットする仕事はより探しやすくなります。

組織のなかで自分の強みを活かせているか振り返り、不適合が起こっていたら上司と改善について話し合いましょう。

話をトピックに分けて、相手のニーズを探りましょう

洞察系HSPさんは、頭で考えていることがとても多く、説明も膨大となります。構造的で複雑な話を「相手にもわかってもらいたい」熱が高いです。

しかし、長すぎる話や複雑すぎる話は、「ぱっと考えて即行動する」のが強みの相手にとっては負担であるかもしれないことを理解しましょう。相手が、深く情報を取らず浅めの情報で早い意思決定をす

るタイプである場合には、複雑で長い話は「もういいよやめて」になりがちです。

今しようとしている話が、相手にとって興味のある話かどうか、まずさわりの10分の2だけ話して確かめてみます。例えば「○○のプロジェクトには別のやり方があると思います。そのことについて、今私が考えていることがあるのですが……」と持ちかけて様子をみる、などです。

相手の反応がよければ、さらに10分の2話す。また反応が良ければ10全部を話す、というような手順です。相手のニーズに寄り添った話し方をすると信頼が得られて、より話を聞いてくれるようになります。

最悪なのは、自分が膨大な量の情報を持っていることをきちんと相手に伝えないことです。行きがかり的にちらっと「会議のあの提案、不十分だと思うんですよねえ……」などと、相手が理解不能な断片的な話をふわっと投げかけ、相手が反応しなかった時に「全然わかってない」などと断じることです。

これは、洞察系HSPさんのお話のなかでは結構あるあるなのですが、相手が自分と同じようにささいなことに気がついて、ずっといろんなことを考え続けている、とは限りません。自分に見えていることは、相手にも見えているのだろうと人間は思いがちですが、実際には違うんですよね。

Kさんの例 ➡ 共感系

「他の人が大変そうなのを見て、自分の仕事を後回しにして手伝ったのですが、実は〆切りは私の仕事の方が先で、私は残業続きになってしまう、なんてことがよくあります」というKさん。

「まわりの人の空気を読みすぎるというか、部内や会議で（飲み

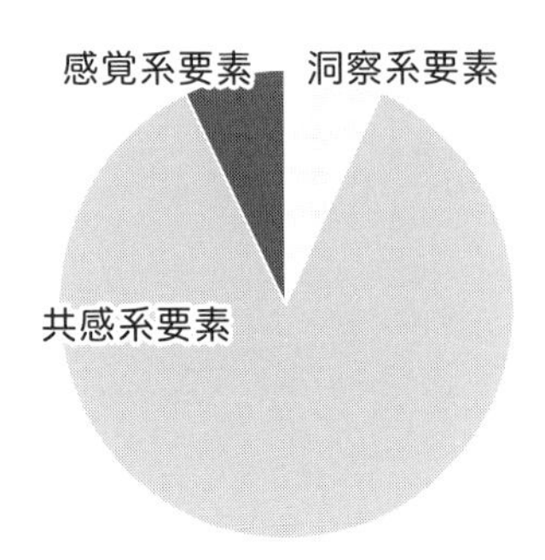

会でも）話したり聞くタイミングをうかがっていると、いつまでたっても話せません。また、手を挙げて言うほど大した内容じゃないし、と思っていると話しを切り出すタイミングが無くて悶々としています。

会議などの意見の行きちがいで雲行きが怪しくなっていくのが手にとるようにわかり、そこにKYな人が発言すると、あっ！ どうして今そんなこと言うのよ、これ以上部長の機嫌が悪くなったら決裂するのがなんでわからないの！ とひとりでヒヤヒヤしています。

でも雲行きがあやしい２人の間に入って、『この人はこういう意味できっと言ってるよ』とか、『今Aさんが言ったことは反対意見じゃなくてこういう気持ちだと思うの』などうまく話を取りもつことも実は得意なんです。学生時代からサークルのなかでも常に調整役をしていました」

ささいなことに気づくのはHSPさん全員ですが、何に気づき、何を一番優先順位高く扱うかというと、「人が傷つかないように」「人の感情」のところです。

職場において押しの強い、声の大きい人にはビクッとしたり、機嫌が悪い人のそばにいると自分もイライラして心がささくれてきます。人の気持ちをまるで自分の気持ちのようにリアルに感じ、あまりに強い感情がやってくると手先までしびれるような感じがするという人までいます。

人の気持ちがわかる、というレベルではなく、人の気持ちが入ってきてどこからが人の気持ちでどこからが自分の気持ちかがわからないこともある。「穏やかな上司のもとで働きたい」とか「優しいものの言い方をする同僚とチームを組みたい」という願いが強く、それは共感系HSPさんにとっては茶飲み話ではない、死活問題というほどの重要度です。

洞察系HSPさんと違うのは、ものごとの結果や成果や真実よりも「今、それを言うと場が盛り下がるじゃない」など相手の感情を大切にする気持ちの優しさです。

共感系／能力の活かし方＝感情労働

優しく、繊細な雰囲気はHSPさんのなかでも随一で、それを本人が望んでいるかどうかは別として、いつも人から相談される、秘密を打ち明けられるという方が多くいます。

保育士や学童支援員、カウンセラー、セラピストとして、人の話を聞く仕事は向いています。会社のなかでも人事のように人の話を聞く必要のある部署や、プロジェクトチームのリーダー役として、チームメンバーの考えていることや感情をすくいあげることに使うと成果があがります。（自分はすべて後回し、は疲弊してしまいますのでバランスに注意）

チームの調整役、プロジェクトの潤滑油になれます。

あなたの気持ち、わかる。あなたの気持ちも、わかる。

と両サイドの言っていることを、翻訳してわかりやすく双方に伝えてあげると、お互いの理解が高まり仲直りが起こった！　という場面をつくることも得意です。

高い精度で相手の言いたいことや、思っているけれどもうまく説明できない気持ちなど「言語外」を察知するのがうまいのが周りにも伝わり、老人や外国人の方に「よく話しかけられる」という人もいます。（この、話しかけられやすい、も強みのひとつです。え？ そんなこと誰でもあるでしょ？ とこの強みを持つ方はみなさん言われますが、そうではありません。話しかけられやすい存在感の強みを持つ人は、タクシーに乗ってワンメーターで降りる、という数分間に、運転手さんに身の上の打ち明け話をされたりするのです。このタイプはセラピストやカウンセラーさんに多いです）

人の役に立ちたいと思う方がとても多く、良心的傾向が強いので、福祉・介護・看護職に一定数います。学校の先生や公務員さんにも実は多いです。

共感力について無自覚でいるのではなくて、自分は人より共感力が強いということを認識し、この強みを何に使っていくか、という思考に切り替えると、職場で使える武器になります。例えば営業職で、クライアントがはっきり口に出さないけれども、こういう望みがあるのだなということをタイムリーに拾って提案に織り込むことができる方は、当然成果があがります。「上司と商談に行っても、持って帰る結果が違う（クライアントの顔色やニュアンスを察知する能力が高い）」とか「私だけがあの気難しい上司に怒られたことがないんですよ！」という言葉もよく聞きます。

逆にまわりの人の機嫌に左右されやすい（5章で見ていきます）ことは、HSPのなかでも随一ですが、その問題さえ扱えるよ

うになれば、相手の感情察知をできる能力は、誰もがうらやむ強みであり、才能です。

Cさんの例 ➡ 感覚系

感覚の敏感性（五感と内臓感覚の知覚）に一番多くのエネルギーを使っているＣさん。

Ｃさんはまさに解像度の高い、人より色鮮やかな世界に住んでいると言っていいでしょう。昭和のテレビではなくて4Kの大画面テレビのような世界です。

Cさんが描いた円グラフ

洞察系要素
共感系要素
感覚系要素

Ｃさんからはこのような言葉が聞かれます。

「人の話し声、機械音、物音、家族のTV視聴の音等、ボリュームの大小に関わらず音がとっても気になるんです。テレビとYouTubeなど同じ部屋で二つの関係ない音が同時になっていると、もう無理です。いつも消して消してと言って回っているので、夫から嫌がられます。夫はテレビをつけっぱなしで寝るのが好きなので、疲弊しています。

カフェなどでは席が近いと、隣のしゃべり声が耳に入ってきて、対面している人の話にまざってしまって混乱して疲れてしまいます。だから待ち

合わせのカフェ選びは私がするようにしてます！（笑）。

臭いに敏感で、狭い空間に好きでない臭いがすると耐えられないんです。特に電車などは汗の匂いや、香水の匂い、柔軟剤などの匂いが入り混じるので、あ！この車両はやばいと思ったらすぐに隣の車両へ移動します。研修会などでリアル対面のときは、逃げ場がなくてつらいこともあります。アロマなどは一般的にいい匂いとされていますが、自分にとっては頭痛がしてくる匂いもあって、言いづらい時は窓側へそっと移って窓をあけたりします。

体調や気分が天候に左右されるなあと感じています。寒いとか暑いとか気圧が高いとか低いとかが気になりすぎるんです。

特にクーラーの下の席が耐えられなくて、席替えを頼んでもスルーされたのでその会社をやめた、ということがありました。気圧に関しては、気圧が下がっていく時に頭痛がでやすかったり、カラッと晴れて気持ちいいね！ というのは自分にとっては明るくて見栄えがいい空だねということではなくて、体調そのものが左右されるって感じなんです。

インスピレーションが常にやってくるので、人のエネルギーを感じたり、見えないものを楽しんでアート作品を作るなどが得意です」

例えば外界の音に反応する力は、自律神経が安定していてうまく使えると「音の微妙さやニュアンスを感じる力」という強みですが、ストレスにさらされているときは、感覚過敏のような不快症状となってでることもあるようです。

「人の気持ちがわかりすぎるとか、本質を追求してというのはそんなにないな。でも昔から五感の感受性がすごく強い……」というパターンの方がこの感覚系 HSP さんです。

身体の内側の内臓感覚、のようなものもこの感覚系の方はよく感じています。

何かを感じ取る力は、①身体の外の情報を感知する力（五感＝視覚・聴覚・嗅覚・味覚・触覚）と、②身体内部の情報を感じ取る力両方のことを指しますが、②はまさに身体感覚と簡単に言い換えることもできます。

視覚・聴覚・嗅覚・味覚・触覚が五感で、私たちは目や・耳・鼻・舌・皮膚などを使って、自分の外の世界がどうなっているかを感知します。これは身体生理的には外受容感覚といいます。（アーロン博士が指摘しているように感覚器そのものに敏感性や高性能な特徴があるわけではなく、感覚器でとらえた情報を「脳で神経処理するとき」に、深く処理しているのがHSP の特徴です。目のレンズ体そのもの、舌の味蕾そのもの、耳の鼓膜そのものが違うのではないという意味です）

対して、内受容感覚というのは自分の内側の感覚です。そんなの感じたことないよ、という方もいらっしゃるかもしれませんが、お腹がすいた、胃腸が重たいな、とか息が浅いか深いか、背骨のまわりが凝り固まっていないかというような身体感覚です。

感覚系／能力の活かし方＝察知労働

感覚系HSP さんは、どちらかというと洞察力、共感力優位の人たちより自営業や独立した専門の働き方が多いと私は感じています。

例えば、

1. 身体の治療家、ボディーワーカーなど身体を扱う職業の専門家として

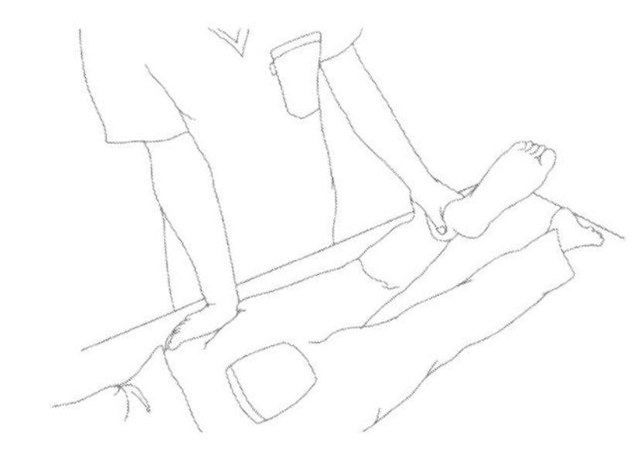

感覚の鋭敏さによって、身体のどこが滞っているか、など察知しやすく、それをあたかも透視能力があるかのように使っている人は、実は多いです。言葉にす

ると怪しいですが、相手の身体に触れるとわかる、観るとわかる、という感覚だそうです。それを活かして身体の健康にかかわる分野や治す・癒すという分野の職業につくと強みが活かせます。

身体治療家、美容家、ボディワーカー、ヨガの先生などです。

2. アーティスト、クリエイター、創造する人として

HSPのアーティストさんが多いのはなんとなく想像ができますね。そのするどい感性や内的世界の豊かさで、創作活動に向いています。このタイプは、判断したり処理したりするよりも、新しい世界を想像したりイメージしたりする力がすごいです。

発想し、0から1を生み出す人。ひらめきなども鋭いです。

3. 五感という感覚器を使って仕事をする人

聴覚

音に対して敏感で、小さな音やささいな音程の差などを察知します。ミュージシャン、音楽家、レコーディングエンジニア、通訳さん、など、音を聞き分ける能力は多岐に渡ります。インプットが刺激の限界を超えてしまうと（刺激の限界値はその人によって違います）、過敏傾向として出ますが、ストレスや刺激のコントロールによって、強みとして使っている人もまたいます。

視覚

光に敏感ということは、色にも敏感です。色は可視光線の波長で見わける世界ですので、他人が見分けられない微妙な色合いの違いを見分けたり、スッキリ見えるディスプレイをほどこす、なども得意です。カメラマン、カラーコーディネイター、ファッショニスタ、画家、イラストレーターなど。

味覚

お米の種類や味噌の種類が変わるとすぐにわかるくらい敏感な人が多いです。保存料や添加物にも敏感なので、オーガニックの美味しい料理を好んだり、薄味の微妙なニュアンスの調理を得意とします。もちろんシェフや料理人が全員 HSP ということではありませんが、HSP のなかに味覚が鋭い人が多いのは確かです。

嗅覚

調香師やアロマセラピストなど、嗅覚を使う仕事の人がいます。微妙な匂いを嗅ぎ分ける能力が人の何倍もあるので、そのチカラを使って仕事にします。その分匂いにとても敏感で、電車のなかや閉ざされた空間での強烈な人工香料に圧倒されたり、食品の添加物の匂いが気になる人もいますが、自分なりのコントロール法を見つけて強みだけ使うようにします。

触覚

肌触り、手触りが最高のものを選ぶチカラとして敏感性を発揮します。最高の布やタオルの手触り、紙の触感、肌着や寝具などのセレクトに関して随一です。このチカラを組織のために使う人は少ないかもしれませんが、ご自身の幸せのために大いに使っている人がいます。

「暖かさ、肌触り、締めつけ加減、そういうものが全部絶妙に最高！っていうタートルネックのセーターを命がけで探しているんです」という女性にお会いしたことがあります。「見つけたら、即大人買い‼」笑。 だそうです。

4. 見えないものを見るチカラ

霊媒師・巫女・エネルギーワーカーなど見えないものを視るチカラを持つ人がいます。とても不思議ですが、実際にそういう方はいます。代々その家系という人にもお会いしたことがあり、能力は遺伝する傾向があると言っていました。小さいころから自分には妖精が見えていて、それはみんなが見ているのだろうと思って普通に話題にしたら、友達に引かれて「これは話題にしちゃいけないことなんだ」と悟った。でも大人になってその心の傷を癒して自分のチカラとして認めることにしたんです、とのことでした。*HSC のお子さんは、大人が見えていないものを見て、家族のなかで話題にしている子がけっこうたくさんいます。

心理カウンセラーさんのなかには、「HSP は、エネルギーを感知する人たち」と表現する方もいます。

＊HSC：ハイリー・センシティブ・チャイルド

これも感覚の敏感さの方向性なのでしょう。科学では解明されていないかもしれませんが、日本には昔から、村にひとりは神様のお告げを聞いたり、豊作の願いを天に届ける巫女さんがいました。

ワーク　あなたの洞察力・共感力・感覚察知力のバランスを考えてみましょう

このように、自分のHSPとしての高敏感性を何に向けてどういう割合で使っているかを考えることは、強みの方向を明らかにします。普段から意識していないとわかりにくい部分もありますが、じっと考え込むというよりは、ちょっと頭の隅において暮らしたり仕事をしたりしてみてください。１週間仕事をしている間に「自分は洞察、共感、感覚のうちどの能力を使ってるかな？」と何となく振り返って感じてみます。

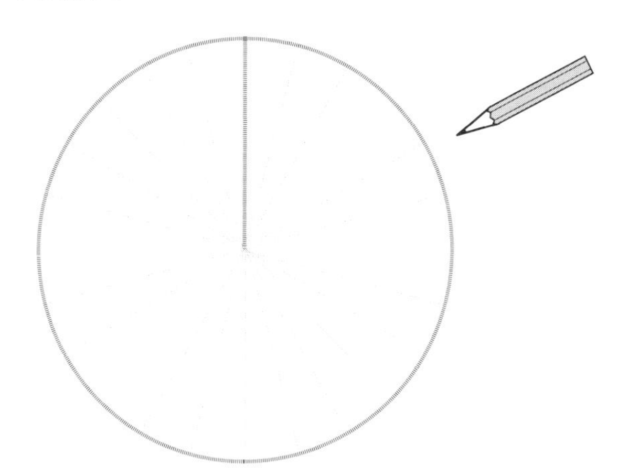

３つの力の割合に関しては、繰り返しになりますが、どんな生き方をしたいか、自分が置かれた環境で何を求められているか、によっても当然あらわれ方が違いますし、人生のタイミングによっても変わります。

マーケティングや数字の分析などを任されている仕事をしていれば、洞察力が磨かれるでしょう。子どもを育てているときは子どものニーズを読み取る共感力が磨かれるでしょう。
同じ名前の職業のなかでも、使う感覚が違う場合もあります。例えばアパレル業界で毎日洋服の検品など、色を見る部署にいれば、色を見分ける感覚（視覚）能力が磨かれますし、同じアパレル業界でも広告戦略を扱う部署にいたら深く分析する洞察力が磨かれるでしょう。

強みの仕事は疲れず、かえってエネルギーがわく

強みは本来、生まれ持ったものですが、上記のように仕事や人生の状況によって磨かれてプラスオンする能力もあります。本来の強みに沿った力を使えているときは、ラクに成果が出たり、人が苦労しているところで時間を短縮したりできます。そして強みを使うと、働いていても疲れるどころかエネルギーが湧き、パフォーマンスがあがります。それが強みの特徴です。

自分の強みの世界で仕事をすると、余計なエネルギーを使うことなくスムーズな成果がでやすいです。

強みの方向は、どうやって深めていくか、いくつかのやり方があります。
例えばストレングスファインダー（強み診断）のようなアセスメントテストをネット上で受検して、出てくる結果によって自分の資質を客観視することもできますし、
両親や友人など自分をよく知る人に小さいころはどんな子どもだったかを聞いてみるのもいいでしょう。

何をして遊んでいることが多い子だったか、
身体を動かしていた子だったか、
比較的家の中で静かに遊ぶのが好きだったか、
どんな発言をする子だったか、
親や友人から見て印象的なできごとはなにか、
覚えている範囲でいいので教えてくれない？ とインタビューしてみましょう。

小さい頃のその人の「動きの特徴」は、大人になっても本質的に似通っていることが多いです。
家のなかで絵を描いたり、本を読んだり、じっと座ってゲームをするなどが好きだった人は、大人になってもじっと座って仕事をする「静」の仕事に向いています。急な異動や転勤が多い現場は疲弊してしまうことが多いです。
逆に子どもの頃から身体を動かすことが大好きだった人は、デスクワークばかりのところより、身体を動かす職業のほうが向いていることが多く、転職のときにそういう身体の資質も考えに入れてみるのも可能性が広がります。
もちろん強みの専門家や、カウンセラーと対話しながら掘り起こしていくのも、とても充実した楽しい作業です。

親が支配的で「こうしなさい、ああしなさい」と指示的だった家庭で育ったときは別ですが（5章参照）、もともと自分が生まれ持っている資質というのは、あとでつけた能力や技能よりも中心的なその人のチカラなのです。それをきちんと考えに入れて人生の方向を考えると、仕事はかなりスムーズなものになるはずです。

同様にHSPとしての敏感さの方向を転職の考えに入れるとした

ら、感覚の敏感性が強みの人が、論理的にマーケティング分析することばかり求められる仕事だと、疲弊します。

逆に洞察系HSPの強みが大きいのに、全体像は考えなくていいからはやく営業行ってきて！ などのポジションも疲弊します。

自分をよく観察し、なるべく自分の資質を曲げないで、職場とマッチングすることができたら、成果がでて満足感のある仕事生活になりますのでぜひお試しください。

朝起きて、ああ！ 今日もわくわく！ はやく仕事行こうっ、という状態はとても健康的ですね。

5章
HSPの強みを活かす生き方の妨げとなるもの

HSPが強みで生きるのを、妨げるもの

本来持っているキラキラとした強み部分は誰にでもあります。一説によれば人の強みはひとりにつき100個以上あるとか。
それなのに多くのHSPさんが社会のなかで挫折感が強く、常にぐるぐると考えを巡らせるばかりで生きづらさから卒業できないのはどうしてなのでしょう。

「何か前進の妨げがある」のがその理由です。
その人の性格のせいではないので、その「何かの妨げ」を取り除けばいいだけです。

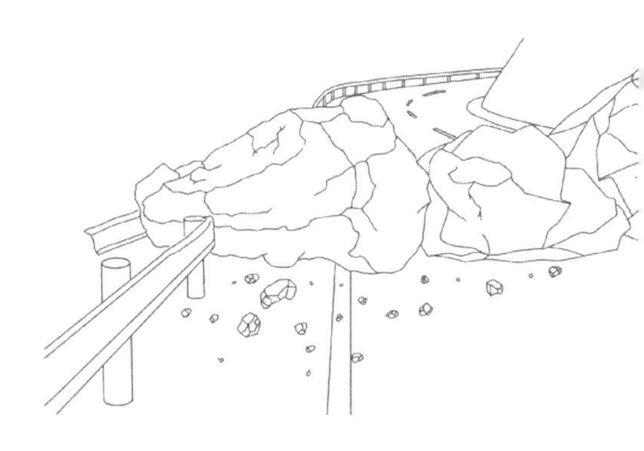

歩いている進路に、巨大な岩が落ちていて道を塞いでいたら前進できません。

進路をふさぐ岩を丁寧に取り除くと、またすいすいと歩いていくことができるように、一気に仕事の成果が出るHSPさんがたくさんいます。妨げを取り除くことは、強みとかスキルのような仕事を前進させる要素には見えないのに、実はこっちのほうが効果があるHSPさんも多いのです。

巨大な岩の正体はなんなのか、それを取り除いて本来の前進できる状態に戻していく方法は何か、というのがこの章のテーマです。

HSPにとっての「前進の妨げ」は日常的に、例えばこういう形で姿を現します。

- SNSなどでオープンにバンバン発言できる人がうらやましい。自分には一生できそうにない
- 「なんとかなるわ」と楽観的にものを見ることができない
- 常に用心モードで、リスクばかりが目についてしまう
- 未来のこと、過去のことばかり考えていて「いまここ」にいられない
- 「ノー」と言えない
- どうせ自分の言うことなどわかってもらえない、と心の底で思っている
- 小さなミスでも動揺しまくってしまう
- 比べられると萎縮してしまって力を発揮できない
- 会議で反論を述べられたとき、責められたように感じる

よくよく考えて見ると不思議ではないですか？
言いたいことを何も気にせずに発言して仕事している人が世の中には多いような気がするのに、どうして自分だけは「気にしすぎて」しまうのだろう？

HSP だから？？

いいえ、HSP だから、だけではありません。
HSP であることで、扁桃体の働きが強くリスク要素や不安をキャッチしやすい側面があることは否定できませんが、高敏感性と前進できにくい、は本来イコールではありません。HSP でありながら、自分の力を発揮し続けることは、可能なことです。

多すぎるものはなに？というフレームワーク

この章では、シンプルに「刺激の限界量」というフレームで、快適に仕事人生を歩いていく方法を考えていきたいと思います。

神経処理が深いというときに、問題となるのは「刺激の過多」です。
DOES の O（Overstimulation）ですね。
HSP の第一の特徴＝処理が深い、ということは、得た情報に対して深く考える、見たことや言われたことを深く感じとる、身体が外的な刺激（薬やアレルゲンなど）に反応しやすいということなどを含み、高感受性が原因でとにかく神経を刺激するものの量が多くなってしまいます。
人によって、対処できる刺激の量が違うことは、20 世紀のはじめにはわかっていました。
「パブロフの犬」で有名なイワン・パブロフが明らかにしたとアー

ロン博士が以下のように引用しています。「もっとも基本的な遺伝の違いは、この『シャットダウン』地点に達する速度にあり、このシャットダウンが速い人は、根本的に異なるタイプの神経系を持っている」（エレイン・アーロン『敏感すぎる私の活かし方』パン・ローリング）

その人の刺激の限界に対して、量が多すぎるか否かが、日常だけでなく人生まで左右しているとしたらどうでしょう。限界を超過している刺激量をコントロールして減らしていきたいですね。

ということで、

HSPさんが今困っていることのほとんどは、以下のフレームで考えてみるととてもシンプルに理解がしやすくなります。

現在の刺激が多すぎる（環境的ストレス）

- 機嫌の悪い上司や同僚
- 聴きたくない愚痴やループになっている相談
- 社会的同調圧力
- 環境に対する感覚的な疲れ（不快な音／匂い／味／窮屈さ／手触り）
- 空間の人口密度や気温
- 部屋の散らかり

など

2

過去の刺激が多すぎる（逆境体験によるストレス・トラウマ）

- 幼い頃からの違和感や孤独感
- 親等との間の愛着形成不全（親の拒絶・支配や過保護・無理解）
- 学校での馴染めなさ（孤独感）
- いじめ体験
- 周りと違ってひやっとした体験
- 注射や出産時などの医療トラウマ
- 事故や怪我のトラウマ

など

3

身体的不調整（心地悪さ）

- 身体から力が抜けたリラックス状態のなさ
- 自然と切り離された暮らし
- 化学薬品や食品添加物等人工物
- ブルーライト・電磁波など
- 乱れた生活習慣
- 自分のペースとかけ離れたスケジュール
- SNS等の情報過多

など

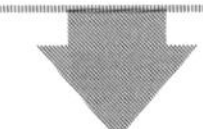

不安・過覚醒・低覚醒・身体不調など

1.現在の刺激から自分を守る環境のととのえ方

現在の刺激が多すぎる
（環境的ストレス）

・機嫌の悪い上司や同僚
・聴きたくない愚痴やループ
　になっている相談
・社会的同調圧力
・環境に対する感覚的な疲れ
（不快な音／匂い／味／窮屈さ／手触り）
・空間の人口密度や気温
・部屋の散らかり

など

2

過去の刺激が多すぎる
（逆境体験によるストレス・トラウマ）

・幼い頃からの違和感や孤独感
・親等との間の愛着形成不全
　（親の拒絶・支配や過保護・
　無理解）
・学校での馴染めなさ（孤独感）
・いじめ体験
・周りと違ってひやっとした体験
・注射や出産時などの医療トラウマ
・事故や怪我のトラウマ

など

3

身体的不調整
（心地悪さ）

・身体から力が抜けた
　リラックス状態のなさ
・自然と切り離された暮らし
・化学薬品や食品添加物等人工物
・ブルーライト・電磁波など
・乱れた生活習慣
・自分のペースと
　かけ離れたスケジュール
・SNS 等の情報過多

など

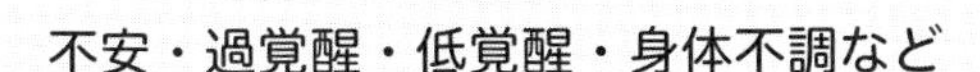

まずは「現在ある多すぎる刺激から自分を守り、環境をととのえる」というテーマについて説明します。

- 音が気になりすぎる（カフェでBGMが気になりすぎて目前の人の話が全く耳に入らないなど）
- 匂いが気になりすぎる（ガソリンスタンドの匂いにウッとなるのは普通ですが、新幹線の車内でみんなが平気で座っているのに臭いすぎると感じる）など
- 人混みを通るとそれだけで疲れてしまう

外部刺激に敏感になりすぎているときは、まずは多すぎる刺激を

減らして自分をいたわることが大切です。

風邪をひいて熱を出しているときに、「パワーをあげるような高カロリーの食事は食べないで」というのは、よくお医者さんから言われることですね。そういうときは栄養価の高いものではなくて、おかゆやうどんのような身体に負担のない、消化のよいものを食べるのがいいのはご存知のとおりです。

HSPも同じです、HSP自体は疾患ではありませんが、あるきっかけで感覚過敏がでたり、会社での自分に支障を感じているときには、まず心身が本来のしなやかな健康を取り戻さないと強みや成果どころではありません。

ご自身の状態にネガティブな苦しい反応が起こっているときは、まず刺激をとりのぞいて、身体負担を減らす必要があります。

現在の環境的刺激の多さを、敏感性がどちらに向いているかという4章の強みのパターンに掛け合わせて見ていってみましょう。

洞察系／自分を守るととのえ方

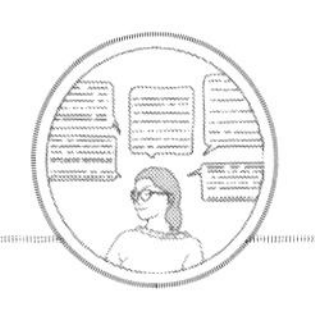

- 気がつきすぎて仕事が次から次へと降ってくる
- 先を見越したリスク対処がうっとうしがられる
- 「時間かけすぎ、仕事をもっと早く」の指示に対応できない
- プロジェクトの先のほうまで読めるので完璧主義が過ぎる
- 指摘してすぐ人の気持ちの地雷を踏んでしまう
- 頭が回転しすぎて眠れない

などの日常のある方

洞察系HSPさんは、ささいなことに気づき、他の人が気がつか

ないリスクに気づく強みがありすぎるので、周りから「心配性すぎる」「神経質だね」「考えてないでシンプルに手を動かそうよ！」などと言われて落ち込んでいる人がいるのではないでしょうか。
　もともとの基本的な気づきレベルが平均とは違いすぎるのです。
「まわりの人は気づいているけどスルーしているのだろうな」ではなくて、まわりの人は気づいていないこと（深すぎない処理）で即決できたり、早く動けているのです。
　そのことをはっきりと自覚するとラクになりませんか。

　これは優劣ではなく、違いです。
　ノーベル経済学賞受賞者のダニエル・カーネマン博士が、人間の脳の働きには、
- **比較的浅い処理で早く行動できるパターン**
- **たくさんの情報処理をするので行動が遅くなるパターン**

の両方があることを明らかにしています。

　情報をたくさん取り込みがちなHSPは後者であることが多いと想像できます。
　もちろん人間というのはそんなに単純な生き物ではないので、HSPであっても「あ、100円のアイスが今日は70円？ 買おう！」など即決モードなこともありますが、概して深い情報処理をしていることが多いので、脳の消費電力が大きくて大型のエアコンをいつもまわしているような状態になります。そのため通常運転のつもりでも身体のエネルギー消費が大きくなってしまい、普通の人が平気な時間帯に、もうぐったりと疲れている、ということが起こります。

　いろいろなリスクや改善点のすべてに対応することは、誰にもできません。気づいていても、3割はお口チャックでもいいのです。
　見て見ぬ振りをするようで、気持ちがざわざわするという方もい

らっしゃるかもしれませんが、大抵のことは、放っておいても解決していることが多いという真実も大切にしましょう。タイミングが来て、自分じゃない人がやってくれることもあります。世界の問題全部を解決しなくて、いいのです。自分の脳や神経処理の許容量は、無限ではありませんし、あとに支障をきたしそう、と思ったら、自分の許容量を超えたものごとに対しては「今自分が手を出さなくてもきっといい方向へ行く」と信じましょう。

それを見て誰かが手を出してくれる、世界は案外優しいところかもしれません。

共感系／自分を守るととのえ方

- 大声でものを言う人や機嫌の悪い人からダメージを受ける
- 空気を読みすぎて疲れてしまう
- 同僚のグチは聞いてあげるが後でぐったりする
- 人の手伝いを引き受けすぎてパンクする
- 隣の人が怒られていると自分も一緒にダメージを受ける
- ズカズカ人の気持ちに入ってくるデリカシーのない人に疲れる
- LINE やメールをさかのぼって一人で反省しているときが多い
- 気がついたら親の望みの道に入っていて後悔した
- やってあげるうちに相手の要求がスケールアップしてきて困る

などの日常がある方

組織で働くHSP さんのお悩みはほとんどが対人関係やコミュニケーションのことです。上記のような、対人関係の刺激量を減らす、にはどうしたらいいでしょうか。

パワハラやモラハラなどがあるとき、争いが嫌いなHSP さんは自分を抑えることでその場が平和になるのなら……と思いがちですが、行き過ぎた我慢は長い間にその人の健康を損ないます。甘えやわがままではありませんので、部署や席をかえてもらえるよう、上司や人事部に静かにきちんと話をしましょう。

パワハラほどではないけれども、上司がいつも機嫌が悪かったり、きつい物言いだったら、やっかいですね。「部署替え？ そうはいかないから苦しいんだよ」という場合のほうが現実には多いことでしょう。

相手を変えるのはなかなかに大変なことなので、日常的な「心理的境界を築く」という訓練によって刺激量自体を減らしていきましょう。境界とは、文字通り、相手とのあいだに心理的バリアを築くこと。

共感力が高すぎるHSP さんは、心理的バリア機能が弱くなっていることがあります。

「誰しも相手の気持ちが入ってきて一体化してしまうのに、がんばって平気な顔をしているのだろうな」と思っているHSP さんが時々いるのですが実際は……違います。私たちは自分の肉体以外に入ったことがありませんので、人がどう感じているか、ということを正確に体感するのは不可能です。しかし相手の気持ちをそれほど感知しない人もいるのです。それは優劣や正しい、間違っている、というジャンルのことではなく、資質の違い、です。

生まれ持っての脳の認知というのは、人によって傾向が違うのです。要するに、一人ひとり、見ている世界、感じ取っている外界が違います。

HSP さんのなかには「人の気持ちが理解できる」ではなく、「人の気持ちが入ってくる」という表現をする人が多くいます。相手のなかにある気持ち、として理解するのではなく、自分の気持ちか相手の気持ちかどちらかわからないレベルで、相手の気持ちが自分のなかに存在するという意味です。

「母が勧めた看護師の仕事が、そのまま私の望みとすりかわっていたことに大人になってから気づいた」とか、「同僚が困った顔を見ると同時に、助け舟を出すことになっている自分に気づいた。相手から頼まれたわけでもないのに」とか「同僚が上司に叱責を受けた翌日、同僚は案外けろっとしているのに、自分のほうがダメージを受けていることがある」などです。

HSPは脳のなかのミラーニューロンの働きが強い傾向にあり、他人の感情を写しとる能力が高い、と言われます。もともと人は神経で共鳴しあっているので、言葉がなくても、相手の状態を感じ取っています。相手が言葉の通じない外国人でも、なんとなく嫌がっている、なんとなくすごく喜んでくれている、などはわかりますね。でもその程度には個人差があります。

共感力の強いHSPさんのなかに、ついつい他人の面倒を見過ぎたり、他人の人生までも背負いすぎてしまう人がいます。

「この本いい本だからプレゼントしたいけど、今の彼女には荷が重いかな。彼女を嫌な気持ちにさせたり苦しい過去を思い出させたりしたらどうしよう」と本を片手に何日も思いを巡らせている、などは優しい共感系のHSPさんの愛すべき日常場面です。一方、心理的境界の側面から見ると、相手の人生を背負いすぎかもしれません。

相手がどのような反応をしようとも（わざと相手を不快に陥れるのは論外ですが）日常の何気ないやりとりのなかでは、いろいろな感情が生まれてくることは自然の摂理です。生まれては消え消えてはまた生まれるお天気や海の満ち引きのようなものです。

境界の築けている状態は、好意で勧めた→相手が何かの反応をした。それがいいものであっても悪いものであっても、相手の反応として尊重し、過度に自分のせいであると思わない状態です。

もちろんご本人に、相手の感情を背負うつもりは毛頭ないのですが、困っている相手を見ると同時にその人の気持ちがなだれ込んできてしまう、そういう傾向があるHSPさんが少しでもラクになることを願っています。

もちろん相手を慮る態度は、この殺伐とした社会のなかで、オアシスとなる優しさです。それで自分の調子がくずれないようなら、どこまでが自分の許容量なのか線をひいた上でいろいろな人のお世話をすれば、まわりの方は安らいだ世界を楽しむことができてとてもいいですね。

おさえておきたいことがらは、「自分の人生を一番大切にしていい」とはっきり自覚がある状態でいる、ということです。

わがままではなく、自己肯定と尊重の世界のお話です。

感覚系／自分を守るととのえ方

- まわりの音が気になりすぎる
- 添加物や保存料などが気になって食べられないものがある
- 臭いを感じて電車等に乗れない
- ゴワゴワしたタオルやきつい靴が気になりすぎる
- 首の後ろのタグが気になって仕方がない
- 人混みや電磁波でぐったりする
- ちらかった部屋や統一性のない多くの看板などを見ると疲れを感じる

などの日常がある方

HSPの身体はとても敏感です。アーロン博士によれば「赤ん坊の身体と同じように」デリケートなHSPの身体を扱ってください、とのことです。赤ん坊と同じ、という意味は、赤ちゃんが疲れていたら無理をさせないし、暑くてむずかったら涼しいところにつれていくし、空腹でキゲンが悪くなったらミルクや食べ物をあげるでしょう、という意味です。赤ん坊と同じようにHSPは自分の身体を、細やかに丁寧に扱ってあげる必要があります。疲れたら放っておかずに、こまめなケアをするのがいいね、というわけです。

刺激の限界値は、人によって違います。他の人には平気でも、自分には平気ではない、ということがあります。それはわがままや甘えではありません。

神経処理が深い、ということは、外界の刺激に対してなんでも平均値より余計に反応するということです。実際HSPは薬が効きやすく、免疫システムも敏感で、アレルギーの人が多いことが報告されています。海外から帰国したときの時差の修正に時間がかかったり、ロングスリーパーの人も多いです。

HSPは、肉体疲労というより、神経の過負荷に陥ることが多いので、脳や神経をニュートラルに機能できる状態にすること、休めることを、積極的に日常に取り入れていく必要があります。要するに、自分にちょうどいい刺激量に、日常を調節していくということです。

最近では、食後のショートスリープを取り入れている企業が出てきています。午後に一旦脳を休めたほうが、社員のパフォーマンスがあがることが実証されたからです。ちょっと席を外して5分瞑想してみませんか。瞑想は思考ぐるぐるの量を減らして、言葉のない「体感」「感じるモード」に意識をずらすことです。（これについ

てはこの章の最後のほうで補足します）

感覚過敏は、聴覚過敏の人の数が一番多いです。（が、HSP 全員が過敏性を持っているのかといえば、そうではありません。敏感と過敏は異なります）

まわりが騒々しかったり、急にびっくりするような大きな音、不快な音がするようなところもHSP の神経系には不向きです。

音への過敏に関しては、対処としてイヤーマフやノイズキャンセリング機能つきのヘッドフォンで楽になる人もいます。静寂のなかで、自分の感覚に集中できるようになるのがいい、とアーティストさんが言っていました。触覚過敏の方は徹底的にお気に入りの寝具や衣類のブランドを研究して、グッズ利用によって心地よい生活に近づくのもありです。

初めての場所や緊張するときにはアロマオイルなど、嗅覚から身体をゆるめる手段を持つこともいいかもしれません。

深く考えを巡らせられる、静かな集中できる環境をゲットするために、何ができるか具体的に考えましょう。

感覚過敏は、ストレスがある環境ではひどくなると言われていますので、なるべくご自身に合った、ストレスのない環境を選びたいものです。

組織の中でも一人ひとりが健康でパフォーマンスがあがることのほうを歓迎するはずです。相談すれば解決しそうなことは上司や人事部に「こうなったほうが仕事のパフォーマンスが上がる」ことをニュートラルに相談しましょう。コツは不満やクレームとして言わず、具体的に相手がイエスかノーで答えられる提案の文脈で相談することです。

ただ、ぐったりして週末はまったくベッドから起き上がれない、というひどい慢性疲労の方は、少し事情が違います。

心地よい暮らしや刺激量の調節ではカバーでききれない、脳内炎症がある状態に移行している可能性がありますので、HSPの知識がある神経内科や心療内科・精神科を受診されることをおすすめします。

次は、二つ目の **②過去の刺激が多すぎる（逆境体験のストレス・トラウマ）** を見てみましょう。

1

現在の刺激が多すぎる（環境的ストレス）

- 機嫌の悪い上司や同僚
- 聴きたくない愚痴やループになっている相談
- 社会的同調圧力
- 環境に対する感覚的な疲れ（不快な音／匂い／味／窮屈さ／手触り）
- 空間の人口密度や気温
- 部屋の散らかり

など

2

過去の刺激が多すぎる（逆境体験によるストレス・トラウマ）

- 幼い頃からの違和感や孤独感
- 親等との間の愛着形成不全（親の拒絶・支配や過保護・無理解）
- 学校での馴染めなさ（孤独感）
- いじめ体験
- 周りと違ってひやっとした体験
- 注射や出産時などの医療トラウマ
- 事故や怪我のトラウマ

など

3

身体的不調整（心地悪さ）

- 身体から力が抜けたリラックス状態のなさ
- 自然と切り離された暮らし
- 化学薬品や食品添加物等人工物
- ブルーライト・電磁波など
- 乱れた生活習慣
- 自分のペースとかけ離れたスケジュール
- SNS等の情報過多

など

不安・過覚醒・低覚醒・身体不調など

2. 過去のストレス・トラウマの傷を癒し自己調整力を取り戻す＝自分本来のライフスタイルを構築

HSP理論創始者アーロン博士は次のように言っています。

「調査を開始してすぐ、私は『2種類』のHSPがいることに気がついた。うつや不安を訴える人と、訴えない人である。このふたつのグループの違いはかなりはっきりしており、のちに私は、うつや不安を訴えるHSPの大半が、子ども時代に問題を抱えていたことを知る」(エレイン・アーロン『敏感すぎる私の活かし方』パン・ローリング)

この項では、ご一緒に人生の過去に優しい眼差しを向けてみたいと思います。とても不思議に感じるかもしれませんがその結果、自律神経系がととのって、外的な刺激に対する強さが出てきます。

これを自己調整力(セルフレギュレーション)と言います。

「怒鳴らない上司がいいなあ」
「穏やかな空気の部課に配属されたい」
「チーフなどしないで今の仕事を静かにやっていたい」

そう望んでいても、社会の中で働いているとそうはいかないことが頻発します。

転職してこれぞ求めていた職場かもしれない! と喜んでも、会社の都合で転部になったり、その部署ごとなくなったりすることは、この複雑な社会状況のなかではまあ、あることですね。

自分の外側の状況というのは、結局完璧にはコントロールできないことなので、何かあっても落ち込みすぎずに、少しの時間で元に戻れる神経の自己調整能力をつけたほうが早い、という考え方はいかがでしょうか。

そのためには自律神経という、私たちの「セッティング=状態」を管理している神経にアプローチし、調整力を身につける手段を知る必要があります。

自律神経という私たちの見えないボディガード

HSPさんの前進を阻む岩は、心の問題として日常のなかでくりかえし出てきます。

私はこの本のなかでは「自律神経さん」という身体の中のもうひとつの「軸」から見たHSP世界を提示することを試みたいと思います。

まず、自律神経というのは、言葉を持たない「身体反応」を起こします。

大勢の前でプレゼンするとき緊張していて身体がギュッと縮こまる、それが終わって高評価をもらい、ほっと笑みがこぼれる、帰ったら疲れ切っていて、お風呂に入ることもできない、など誰でも覚えがある光景ですね。

自律神経はその人の「セッティング＝状態」「コンディション」を決めています。

そして、意識（言葉）の司令とは別系統の司令塔で、英語ではAutonomic nervous systemというように、「自動的に働いてくれる神経」です。

私たちが眠っているあいだも心臓や肺が止まらずに働いてくれるのは、自律神経さんが動かしてくれているからですね。

食事をしたときに「消化液をだそう！ 消化液をだそう！」と念じている人はいますか？ そんなこと思わなくても、自律神経が勝手に胃から消化液を出してくれます。

自律神経は、手足を動かす（体性）神経とは違って、私たちが何も思わなくても、身体の状態をいつも健康に保とうと努めてくれている存在です。

そして自律神経には交感神経と副交感神経系があって、緊張とリラックスのどちらを身体のなかで優位にしているかによって、身体のモードが決まる、というのはみなさまもご存知のとおりです。

上司の前でプレゼン！（ひゃー緊張）とか、営業でお客様のところへいく！（がんばる！）とか、この満員の電車になんとか乗るぞ！（たたかい）の場面や、なんだろ誰かついてくる気が……ぞわわ走れ!!（逃げる）の場面では交感神経が優位になります。

興奮したりがんばったりしているときは、心臓がドキドキします。早く血流を身体の隅々に送り「逃げるかたたかうか」できる緊急スタンバイへと身体の状態を持っていきます。

そのときは、手足を早く動かす必要があるので四肢に少しでもたくさん血液を送るモードです。必然的に内臓に血を送ることは少なくなり、消化は進みません。（だから食事のときにスマホを見ながらゲームをするのはあまり良くないのです）

あ～企画プレゼン無事おわった～（ほっとした）、今日は会社終わりで親友と食事～楽しみ～（気のおけない人とのつながり）、保育園に子どもを迎えにいくまえに1杯のコーヒー、シアワセ♡（一人で身体に休息をあげる）、これらは副交感神経系モードです。身体から力が抜けて、だらんとする、あの瞬間です。身体の動きをマイルドに遅くして、内臓の消化を助けたり、免疫力を活性化させるほうに身体モードが傾きます。

HSPの本なのに、なぜそんな身体反応の話がでてくるの？ と思われましたよね？ すみません、もう少しお付き合いください。

前出のとおり、人間には刺激の限界点というものがあります。

自律神経は、この刺激の限界点の見張り役をしてくれています。
ご主人様である人（私たち）の命から見て、現在の状況は……

- ■ 安全ゾーン
- ■ 危険ゾーン
- ■ 死の脅威ゾーン

のどこなのか?? これを常に身体のなかで査定しています。生まれてから死ぬまでずっとです。

場所が安全かどうか、爆弾が飛んでこないかどうかだけではなくて「心理的に安心」かどうかも査定しています。
当然、安全なビルのなかであっても、恐怖や不安を感じるパワハラ上司が同席していたら、顔はニコニコしていたとしても、お腹の底ではずっとハラハラしていますよね。身体は危険察知モードになります。
思考は打ち合わせの内容のことを考えていたとしても、身体が緊張して交感神経モードに入っています。

しかし、身体にとっては、その人が朝も晩もずっと交感神経に居続けるということは、あまり歓迎できないことです。
交感神経と副交感神経系の両方がバランスを取りながら働いてはじめて、快適で健康な身体でいられるのに、どちらかに傾きすぎると、神経系のみでなく、ホルモン、免疫などさまざまな影響がでてきてしまうからです。

HSPは小さい頃から交感神経に傾いている率が高い!?

ここからが問題なのですが、

HSP は人類 20%（30%を高度に敏感と定義する研究者もいます）の人たちの神経系の特性です。

小さい頃からそこはかとない「自分はまわりと違う」感覚、「なんと言って説明したらいいかわからないけど、群れから外れている」感覚を、感じていることが多いです。そんなこと頭では思ってもみないのですが、身体がそう感じているのです。

これらは普段は意識にはあがらないほど小さな違和感であることが多いです。（全員ではありません。ご家族の価値観が「変わっていることがバンザイ！」のようなアーティスト家系などの場合、外れていることが自動的に肯定されているので、状況が違います）

親や祖父母に「この子は神経質だから」とか「心配しなくていいの！ もっとおおらかにしてなさい」と言われたり、何か言ったときに周りの人が変な顔をして自分を見たり、これが少数派のカテゴリーの人間が持つ小さなストレスです。

まわりも悪気はないのですがHSPが何か言ったときに、「え？……」とか「は？……」という反応をよくしてしまいます。「なんか普通と違う」からです。これをHSP さんの身体は、深く記録として刻みます。

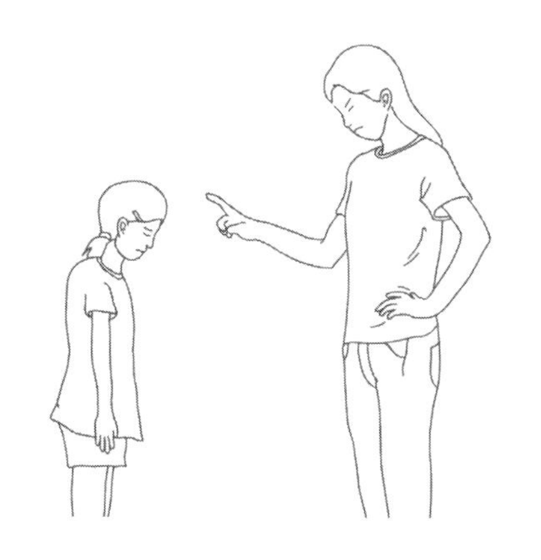

自律神経系は「自分だけ外れている」ということに対しては、アラートを発します。哺乳類は群れで生きることが宿命づけられていて、古代の厳しい環境下では、群れから外れることは命の危険＝死を意味しました。

外れていることの感覚は、「孤独感」。

動物としての私たちの身体のメカニズムでは「孤独」を察知する

ことは、イコール危険を意味することなのです。

「2015年にブリガムヤング大学が行ったメタ分析により、孤独感はタバコや肥満と同じくらい全身に炎症を起こし、早死にのリスクを高めることがわかった」(『最高の体調』鈴木祐 クロスメディアパブリッシング)というように、昨日ちょっと孤独だった、などではない深く根源的な孤独というのは、人体に影響を与えるものなのだということが最近の研究によって分かってきました。

「クラスのなかでちょっと浮いてる感じ」のような小さな孤独感と危険モードを、エピソードの記憶としては忘れても、身体(自律神経)は記憶しているのです。

そしてそこへ持ってきて、家庭が安心でくつろいでいられるところでなかった場合、自律神経は大きなストレス(危険モード)を記録し続けます。

高すぎる感受性を持ち合わせているHSPにとっては、きょうだいの非HSPが気にもとめていないような親の一言を、深く受け止めて反芻していたり、ショックを受けている場合があります。同じ家庭のなかで同じ親の元で育っても、きょうだい間の感受性の差によって全く違う体験になることが報告されています。

アラートを記録し続ける状況があるとき、自律神経さんはもう2度とご主人さま(あなた)を危険な目に合わせないように、「人は信じても無駄だから信じないほうがいい」とか「いつ愛情がもらえるかわからないから、ずっと人の顔色を見ておかないと」等、愛着(主養育者、主に親との関係からくる人間関係のパターン)が基になっている

「危険回避」のパターンを繰り返します。
　なにかが起こるたびに自律神経さんは、「それはやめといたら？」「（前に目立った時いじめられたよね？）目立たないほうがいいよ！」「（自分のことなんて信じないほうがいい）失敗したじゃない」など、楽観的なチャレンジではなくて、自分を防御する方向のサインを出し続けるのです。
　これは、これまでご主人さまであるあなたの身を守るためには、必要なことだったのです。これが自己防衛適応と言われるもの、いわゆる、トラウマ反応というものです。

緊張と不安（交感神経）に居続ける原因～親との関係

　親との関係の場合はデリケートな問題です。
　どこをどうしてくださいなどというシンプルな問題では片付かないことがほとんどですし、現在進行形で困っている方もいるでしょう。
　感情を扱う問題ではありますが、ここではメカニズムとして「いつか扱うかもしれない問題」ぐらいの気楽さで読んでいただけたら幸いです。

　親との関係から生まれた「自分の考え方パターン」や「物事を考えるときにいつも前提となっている信念」は、それほど自覚できなくても、HSP には特に長きに渡る、大きなストレス・トラウマ要因になっている場合があります。
　親が支配的だったり、逆にほったらかし過ぎたり、愛しているのに愛情の示し方が間違っていたり、マッチングや相性が悪かったとき、または子どもの心を全く理解していないとき、過剰に人の顔色をうかがったり（ノーと言えない）、関係が近しくなるときついことを言っても大丈夫か関係性を試してしまったり、逆に関係が近しくなった時に、急に連絡を絶って距離をとったり、人の言葉を楽観的に信じなくなっていたり（自分の言うことなど信じてもらえないだろうと常に説明が過剰になったり）自分の決定や自分のセンスを卑下するクセがついていたり、いろいろなことが、パターンとなってその後の人生すべての人間関係を支配していきます。

親との感情の行き違いのようなことでも、感受性が高い（処理が深い）HSPにはかなりのストレスであるのに、虐待などがあった場合はどのくらい深い影響があるか想像にかたくありません。（言葉での脅し、無視、両親の罵り合いを見て育つ、きょうだいへの虐待を目撃する、なども虐待であり、不適切養育でもあります）

幼少期や生育期に自分が大多数側であるという「感じ」を持てない体験というのは、常に緊張をしいられることであり、群れのなかでゆったりとした身体感覚を持てなかった可能性が高いことは先ほど触れました。

さらに親との関係のなかに違和感があると、自律神経は防衛手段を講じていろいろな作戦をたてるのです。そのレパートリーたるや、芸術的とも言えるパターンの多さです。

「自己肯定感が持てなくて困っているんです」と相談に来られた方に、あなたの防衛パターンは芸術的ですね!!　などとは口が裂けても言えませんが、人間という存在は緻密に自分の命を危険から守る手段をたくさん持ってサバイブしています。

今もしも自己肯定感を持てないとか、ネガティブに陥りやすいなどを感じていたとしても、あなたのせいではありません。過去、心理的安心を持てなかった困難、くぐりぬけたサバイブな状況の名残として、その人の身体が自分自身を守っている「身体反応＝構築した防衛パターン」なんです。

ときにあまりにツライことがあると、私たちの神経は、いろいろな人に対処する「たくさんの性格キャラ」まで用意して、私たちを守ります。

逆に、仕事でかかわっている相手が、笑顔で別れたのに前触れなく急に怒りのメールが来たり、親しくしていたのに急に疎遠になるようなことがあったら、それもあなたのせいではありません。

相手の方が、（本人が自覚していようといまいと）自分の命の安全をかけての防衛作戦をくりだしている人生劇場の中にいるのであって、あなたの人生と昨日接点があったかもしれませんが、責任を負う必要はないのです。

ましてや「私のせいでこうなってしまったのか？」など思うことは一切必要ありません。

また、そういう相手に対して、「この人がこうなっている背景はなんなんだろうな。きっとなにか大変なことがあるのね」と見てあげられる共感能力の高さをお持ちでしたら、それは神様からのギフトです。

さあ、やたらとキツイ大声の課長、競争意識が高すぎる同僚に萎縮している時間はありません。誰もが自分の人生の過去に理由がある、自動反応のなかで生きています。大声をだしたりイライラをぶつけてくる人は、かならずその人も誰かから虐げられています。

周りの人に大切にされて満たされている人（心理的安心の中にいる人）は、大声をだして威嚇したり、イライラして人を傷つけたりはしないものです。

そこに巻き込まれすぎることをやめて、HSPとしての自分オリジナルのライフスタイルと自律神経の安心モードを構築していきましょう。

ワーク 境界を築く

▶ イメージワークです。静かで落ち着ける時間に、読みながら実践してみてください。
例がないとイメージしづらいので、ここでは「いつも大声で文句を言ったり、指示出ししてくるやっかいな同僚Tさん」から影響を受けづらくなるための意識のトレーニングとしてご紹介します。

1：同僚Tさんが言った言葉や大声が自分のほうに飛んでくる様子をあたまに浮かべ、それはエネルギーとしてどんな素材や形や色なのかを想像します。（例えばグレーの鉛の剣のようなものが飛んでくる感じ、とか、あとで弾ける爆発力を持ったボールのようなもの、など）

2：それに対して、自分が一番強力だと思う想像上の防護壁をイメージのなかで作ります。
防護壁は自分のまわりに張り巡らせます。
赤レンガをつみあげた壁、浄化力のある強力な滝、粘土のように変形する黄色の壁、レーザービームの円形の防護壁、などなんでもいいです。

3：会社のフロアに入る前にロッカールームなどで、その防護壁を自分のまわりにつくります。
イメージのなかで穴がないか、ヒビや隙間がないかをしっかり確認します。
その防護壁は帰るまで有効だ、と強く思います。
（帰りにフロアから出たとき、必ずバリアを解除するイメージをしてください。電車から降りたあと、もいいかもしれません）

4：同僚Tさんから大声で何かを言われた日や、同僚が言われている余波がこちらに飛んできたように感じた日に、防護壁を作らなかった日とくらべてどうだったか、疲弊度や影響度を点検してください。

5：疲弊度がとても違う！　楽になった！　と思う場合はそれでいいです。

よくわからなかったという場合、この意識のワークは何度も練習しないと使えるようになりません。どうぞイメージのなかで改良しながら（材質をかえてみる、壁を分厚くしてみる等）効果検証しながら、練習してみましょう。

「私は変じゃなかった」
「私は私でいいんだ」

と思えた日が
愛着に起因する防衛反応から解放された、人生の転機スタートの日です。

あなたの感じ方＝感受性は外から見えません。そこにどんなに大きく傷ついている自分がいるかは、相手からはわかりません。

これまでお疲れ様、ほんとうによくサバイブしてきたよね！ と自分の過去を暖かい目で眺め、もしも一見ネガティブな自動反応が「前進の邪魔になってきたな」と思ったら、どうぞ本で学んだり、セラピーを利用したりして、楽観的な安心感を手に入れていってください。神経の自動反応のパターンを変えていくのです。

もしも「みんなができるのに、自分だけできない」ことがあって、自分はダメだ、もっと強くならなければと思っているようでしたら、どうぞ次のように考えてみてください。

「もともと敏感な処理をする自分に」
「何かが過去に起こって」
「自律神経くんがもう２度と傷つかないように私を守ろうとしている」
「行動を起こせないのは神経の自動反応かもね」

そしていつか「ちょっとネガな自動反応さん、ありがとう。でももう守ってくれなくても、私は大丈夫」
そう思える日が来たら、これまで守ってくれた彼氏（彼女）のような自動反応パターンさんとお別れをして、少しチャレンジングな人生創造に向かいませんか。
そのステージでは「あなたの強み」が、次の守り神になってくれるはずです。人生創造の局面にいるHSP さんは外から見て、非HSP さんよりエキサイトしている人もいるくらいです。
自律神経系をととのえていくことは、それほどのパワーを呼び覚まします。

自己調整力をあげていく方法

では、実際に自己調整力をあげていくには、どうしたらいいのでしょう。

よく「HSP の本を読んだけど、対処法が書いてなくてがっかりした」という感想を見かけます。それを見たとき私は、だよね！ わかりにくさがあるよね！ と思います。

自律神経の反応を変えていく、自己調整力アプローチは「身体のあり方・状態・その人の存在 Be、を変えていく」という行為なので、こうすれば簡単だよ！ というような一瞬でできる「Do」の解決法は存在しません。

犬にフリスビーゲットのやり方を訓練するのとは、違います。
今しおれていく植物の状態を改善していく、に近いです。
アレルギーのある体質改善、などにも近いです。
「これを飲めば一発で親との愛着や疎外感が改善！」などのパンチのあるプロセスではありませんが、自分に優しい目を向けて、自分の身体のセッティング自体（自律神経の反応）を変化させていく作業は、とてもやりがいのある、それこそが人生の豊かな中身なのではないでしょうか。
はやくゴールへ行きたいのに、めんどくさいな！ と思いますね。私もそう思います！
けれども、このような自分自身と向き合う時間こそが、生きている証かもしれないな、とも思います。
この本は「HSP 特性を強みの方面から眺めてみる」ことを主眼としているので、これ以上の親との愛着のお話しは別の機会に書かせてください。
誰にとっても、本 3 冊分にはなる大切な大切な歴史がそこにある、とつくづく感じています。

ここでは心に安心をセットしていく（身体反応を変えていく）方法をお伝えしていきます。いろいろな手段がありますが、私が自分の身体も含め試してきたもの、クライアントさんや自分の人生に照らして有効だったこと、として信頼している方法をあげます。

自律神経が機能する前提として……

日常のケア

以下のことは至極当たり前のことですが、完璧にできている現代人は少ないかもしれません。

健康

毎日きちんと眠りましょう。

アーロン博士はHSPに9時間の睡眠を推奨しています。

食事

自分の身体の状態に合った、食事をとりましょう。テレビで推奨された食物が必ずしも「あなたに」いいとは限りません。

運動

適度な運動が必要です。

ヨガや、自然の中を歩くなど、興奮しすぎない運動を、日常のなかに取り入れましょう。（免疫力キープ♡）

腸活

腸を労わりましょう。納豆・キムチ・ヨーグルトなど発酵食品をとりましょう。免疫をあげることはHSPにとってとても大事！感情は腸から来る、という身体治療家もいます。

心地よさ

好きなものに囲まれて暮らしましょう（お気に入りのカーテン、好きな小物、テイストの合う洋服、自然が見える窓、天井の高いカフェ、食堂の隅っこの居心地のよいマイプレイス、まめな換気、好きな物を飾るコーナーを持つなどもとてもオススメです♡）

定期的な身体メンテナンス

相性のいい整体師さんに定期的に身体の緊張を取り除いて整えてもらうのもオススメです。

居場所や笑い

自分が穏やかに満足する、良質なエネルギーを日々取り入れましょう。

セラピー

専門家であるセラピストのセラピーは、とてもオススメです。

自分の顔を自分で見ることは一生できないように、自分の心はとても見えにくいのです。プロのカウンセラーやコンサルタントも自分を整えるために、他のプロを何人かお願いしていることがよくあります。私もその一人です。

自分と相性の合う、カウン

セラーやセラピストさんに出会えるように、ブログやHPを読み込んだり、技能だけでなくセラピストの人間性が信頼できる、と思えるところへ行きましょう。

セラピーの種類

1：フラッシュバックや身体のフリーズがよくある方、高い緊張感に居すぎたり、うつや低覚醒などがある方、偏頭痛や過敏性腸症候群がある方、身体感覚が感じられない（いまここの感じがわからない）方には……
ソマティック・エクスペリエンシング療法(SE)、TRE(トラウマ＆テンション・リリース・エクササイズ)、ポリヴェーガルセラピー、EFTなどトラウマセラピーと明記してあるセラピーなどで、HSPの知識があるカウンセラーさんやセラピストさんがベストです。

2：人間関係にいつも問題がでてくると感じる方、キレたり豹変したりがある方、人と親しくなるのが怖い方、逆に、この人しかいない！　と特定の人にのめり込むのが早すぎる方には……
内的家族システム療法（IFS）、自我状態療法、総括的リソースモデルなど心理セラピー。
愛着モデルに詳しく、HSPの神経系の知識があるカウンセラーさんやセラピストさんをオススメします。

さて、次は刺激が多すぎるの3つ目です。

3．身体的不調整（心地悪さ）から自分を守る
〜社会状況と身体ニーズのはざまで活きる私たち

①

現在の刺激が多すぎる
（環境的ストレス）

・機嫌の悪い上司や同僚
・聴きたくない愚痴やループになっている相談
・社会的同調圧力
・環境に対する感覚的な疲れ（不快な音／匂い／味／窮屈さ／手触り）
・空間の人口密度や気温
・部屋の散らかり

など

②

過去の刺激が多すぎる
（逆境体験によるストレス・トラウマ）

・幼い頃からの違和感や孤独感
・親等との間の愛着形成不全（親の拒絶・支配や過保護・無理解）
・学校での馴染めなさ（孤独感）
・いじめ体験
・周りと違ってひやっとした体験
・注射や出産時などの医療トラウマ
・事故や怪我のトラウマ

など

③

身体的不調整
（心地悪さ）

・身体から力が抜けたリラックス状態のなさ
・自然と切り離された暮らし
・化学薬品や食品添加物等人工物
・ブルーライト・電磁波など
・乱れた生活習慣
・自分のペースとかけ離れたスケジュール
・SNS 等の情報過多

など

不安・過覚醒・低覚醒・身体不調など

　ここまで見てきたように、私たち人間は身体生理的に安心安全を査定する、ニューロセプション（状況や人が安全か、危険か、命を脅かすものかを、神経回路が区別するやり方　(Porges, 2004)）という偉大なシステムに守られています。ですが、組織のなかで、社会のなかで生きるということは、健康でいられるための身体のニーズ＝身体の声はどうしても無視せざるを得ない状況が生まれます。身体はいつも、健康でいるためには一番必要な「ニーズ」を訴えてきます。

「喉が渇いた！」
「イライラする！」
「もう疲れた帰りたい」などです。

全部叶えてあげられれば、私たちは100%いい感じ。
けれども社会のなかで生きる中では、なかなか「今日はもう、身体が休みたいって言ってるんで、消えますんで！」みたいなことは通りにくいですね‼（笑）そんなこと自分が言い出したらまわりに迷惑がかかるから、大人だったら大体の人はその気持ちには0.1秒で蓋をします。
会社帰りに子どものお迎えがある、急がなければ！ というときに、身体からは「あ〜落ち着いたカフェでコーヒー飲みたい……」と休みを求める声が湧いてきても、あと20分で着かないと延長だわ！と思うと同時に、保育園めがけて走り出しますよね。

「健全な精神は健全な肉体に宿る」と言われるように、身体の感覚と心（感情）は常に連動しています。休調がいいときになんだか思考も上向きだったり、逆に体調が悪いと何を見てもネガティブに捉えてしまいがちなときがあるのは誰でも感じていることでしょう。
それは、ホルモンや神経伝達物質などすべての身体のしくみが、心（感情）と連動しているからに他なりません。
身体反応は健康でいるためのサインを出して話しかけてくれるのに、社会生活のなかで、私たちはそれを無視して思考で判断する生活が続きます。そうするとだんだん身体感覚が分からなくなってしまうのです。
「何がやりたいか、わからない」というのもそのひとつです。
または、過去のストレスが大きすぎる場合、成長期に心理的に助けてもらえなかった時にも、「自分は何をしたいのか、どうしていきたいのか」をキャッチすることができにくくなります。

現代においてはSNSやネットで、たくさんの情報が流れています。
朝目覚めた瞬間から私たちはスマートフォンを手にして、情報を摂取し始めます。私たちが１日に受け取る情報量は江戸時代の１年分とも言われ、文明社会における人類全体の話として、脳疲労や疲労蓄積の問題がネットニュースを賑わせています。「平均より脳処理がすべてに関して深い」という特性を持つHSPさんが過度に疲労するのも当たり前です。

デジタル機器に囲まれ、過緊張状態が続くと、脳が疲れ切ってしまいます。さらに、長時間のデスクワークにより身体を動かさない「運動不足」も脳疲労に拍車をかけます。脳疲労が蓄積すると正常な判断はできませんし、仕事のパフォーマンスも落ちます。

仕事場にショートスリープできるスペースが常備されるといいのですが。

マインドフルネスや瞑想の良さとは

マインドフルネスや瞑想が多くの社会人のなかで市民権を得てきました。

アーロン博士はHSPには特に瞑想をオススメしたいと言っています。

マインドフルネスや瞑想は、「『いま、ここ』の私の状態に気づいていく」という作業です。

考えるのをやめて、身体の感覚にフォーカスしていくと、そこには「言葉のない静かな世界」が広がります。

私も短い瞑想をよくやりますが、思考から離れる時間を５分でも持てると、脳がリフレッシュします。

「あ、あの人に連絡するの忘れている！」
「今日スーパーであれとあれを買って帰ろう」
「あのお客さんの案件、どうなったかな」

など次々とやってくる雑念に巻き込まることも多々ありますが、たった数分でも、「考えるモード」から「感じとるモード」に身体をスイッチすることを覚えると、HSPにとっては加速しやすい神経疲労や脳疲労を一時停止し、爽快感が味わえます。

瞑想の種類には、単純に身体に意識を向ける「身体瞑想」から、ヨガの先生などがされる「イメージ瞑想」、タイの修行僧であられるプラユキ師が推進される「手動瞑想」(手を動かしながらする瞑想です。YouTubeにも出ています)、歩きながらする「歩行瞑想」などいろいろな種類があります。

ご自身に合った瞑想を見つけることができると、いいですね。

さとりを開く、のような壮大なことではなくて、考えごとから開放して脳を休憩させてあげる、というような軽いイメージでYouTubeなど検索して、試してみながら「お！ これはいいな」というものを探してみてください。

自分の神経の限界値を知っておく

過去のストレスが多すぎたり、現在の刺激が多すぎたりすると、神経の限界点を超えてしまって、適切な判断やアイデアを生み出すことができない、何も考えられなくなる、ということがHSPは簡単に起こります。

これは、心が弱いのではなくて、身体の反応なのです。

真夏にエアコンやドライヤーやオーブンレンジなどをいっぺんに使うと家のなかの総電力のアンペア数がオーバーしてしまって、いきなりブレイカーが落ちて､家中真っ暗！ ということが起こりますね。 神経刺激の限界においても、これと似たようなことが起こります。自分の刺激限界値を超えた状態で頑張り続けることは、効率が落ちるばかりでなく、うつや適応障害、不安障害などにつながる可能性があります。ストレスの量がその人の耐性の限界値を超えてしまっている状態が長く続いたあとに、副交感神経系の背側迷走神経複合体という「身体の動きを止めて極度な温存をはかる神経」がシャットダウンを起こすのです。

そうなるといくら意志を持って「がんばろう！」と思っても、身体は動いてくれません。自律神経の方が命に対して優先度が高いからです。自律神経の決定は、意志ではひっくり返せないようです。

会社でがんばりすぎのとき（交感神経状態）はこういうことが起こります。

- 呼吸が、（家にいるときより）浅く早い
- 視線が、どんどん狭い範囲に集中していく
- 表情が、硬く強張っている（ふわっとニッコリ、ができない）
- 声は、スピードが早く固い声

（『「今ここ」神経系エクササイズ』 浅井咲子　梨の木舎 2017）

あえてこういう言い方をさせていただきたいのですが、がまんの限界を超えてがんばるのはやめましょう。ご自身がラクに成果を出せたり、完璧主義を少しゆるめたところで自分の身体の状態を感じながら毎日を暮らすことができると、一番健康的に、仕事の成果がでます。ワクワク！ しているとき、やるぞ〜〜〜！ と思えるとき、

そこには苦労の２文字はなくて、ただ進める満足感があります。自分の神経の限界値を経験的に理解しましょう。それには自分に意識を向ける＝「自分を感じてみる」習慣をつけることが大事です。

ワーク　働いている1週間のなかで ムリのないペースを見つけましょう

▶ 人と行くランチとひとりで行くランチ、どのくらいの割合が理想？　　例：同僚と２回．ひとり３回／週がいい

（　　　　　　　　　　　　　　　　　　　　　　　　　　）

▶ 一緒にランチやディナーをする人数は、何人までが居心地がいい？　　例：３人．４人以上だとすべての人の気持ちを拾いすぎて疲れる

（　　　　）人　　理由（　　　　　　　　　　　　　　　）

▶ 人のお誘いや習い事等、人との交流は週何回までなら心地いい？
例：１回でいい

（　　　　）回／週

▶ お誕生日に行きたいレストランは、どんなレストラン？
（静か、広くてスペースがある、隣の席と距離がある　などあなたにとって、何が重要条件ですか？ イメージを書いてみましょう。）

（　　　　　　　　　　　　　　　　　　　　　　　　　　）

例えば、レストランに関して私の場合は、お料理の美味しさはもちろん大切ですが、それよりも広さと天井高などの「スペースの大きさ」が大事です。
自分の「居心地」が具体的に言葉になりましたか？
これが自律神経には一番の健康実践法です。自分にとっての心地いい刺激量を知っておくということです。
完璧主義すぎる人は、たまにはさぼってもいいんだよ、と自分に言ってあげましょう。サボっているつもりでも、HSPさんの7割は、他の人にとって「普通ペース」かもしれませんよ！

内受容感覚を手に入れると境界線を引けるようになる

現代は情報に溢れすぎていて、いつも何かを読んでいたり、何かをじっと見ていたり、それについて考えている、というような時間を過ごすようにできています。
電車に乗れば中吊り広告があって、最近では液晶テレビの広告がチラチラと頭上で動いていて、目は常に何かを追っています。
ぼんやりとしていられる環境じゃありません。
昔の人は情報が少なかったので、身体感覚に留まっている時間が長かったのだろうと想像できますが、現代人はそうはいきません。

その上に、HSPさんは、小さい頃からずっと自分の外界の様子を、するどいセンサーでサーチしているくせがあります。

- お母さんが笑顔を作っていても喜んでいないときはすぐにわかりました
- 学生時代、転入生が居心地悪そうだとすぐに察知しました
- 新しいクラスになって、誰がまとめ役なのか、一瞬でわかりました

- 飲み会で、だれかの前の「お通し」が足りていないとすぐに気づきます
- 会議室の冷房の風があたって寒そうな人がいたらすぐに気がつきます
- 言われなくても付き合っている二人はなんとなく、わかります
- 会社で、たとえ普通にニコニコしていても、あの二人は相性が悪いのだなと見抜けます
- 同僚が、何かに困っていて手伝って欲しいときはすぐにわかります

これは誰でも感じる、普通のことじゃないの？

と思われた方……いいえ……上記にうなづく人は少数派なんです。

ささいなことにも気づくHSPだからこその特性です。

（もちろん非HSPさんが何も気づかない、という意味ではありません。平均値より、気づきすぎる特性という意味です。またHSPにも個性がありますので、全員が上記すべて当てはまるわけでもありません）

ご自身がいかに、平均値より高く、まわりで起こっていることに対して気づいているか、を知ることには意味があります。

センサーが外向きすぎるかもしれない、と気づかれた方もいるでしょう。

HSPは、自分のセンサーを内向きに「意識して」変えていくといいです。

２ヵ月くらいのキャンペーンとして、毎日決まった時間に、（歯磨きのときなど）ご自身の感覚を、身体の内部に向けてみませんか。

内受容感覚、という言葉は聴き慣れない言葉かもしれませんが、「お腹が空いた」、「心臓がドキドキする」など、身体の中を感じる感覚のことです。

ワーク　身体に意識を向ける

▶ 身体には緊張しているところと、緩んでいるところがあります。身体のなかで緊張しているところはどこですか。緩んでいるところはどこですか。
あ、二の腕のあたりは緩んでいる、でも胃のあたりにはなにか硬いものが入っているような感じ、という具合です。
内受容感覚（ボディ感覚）を鍛えていくと、不思議なことに人から影響を受けることが少なくなります。自分の軸が強化されるのです。
内側の身体感覚をわかるようになっていけると、今の自分の状態を考えることができ、「ただ状況に巻き込まれている状態」から脱することができます。
あ、闘うモードになって興奮しているな（交感神経優位）、なんだか気分が沈みすぎているな、無力感に襲われる（副交感神経系・背側迷走神経優位）……と自分の神経状態が今どうなのかマッピングすることができるようになると、じゃあ、次にどういう状態にもっていけばいいのかが、わかります。
アスリートがやっていることと同じです！

ワーク　内受容感覚に気づく

▶ 今日も呼吸を続けてくれるあなたの肺のやわらかさはどのくらいですか？ 風船のようにポワンと弾力があって柔らかい感じでしょうか？ それとも固く鉛のような感じでしょうか？その中間ですか？ なるべくリアルに感じて色や硬さをイメージしてみましょう。
間違いはありません。感じたままでオッケーです。

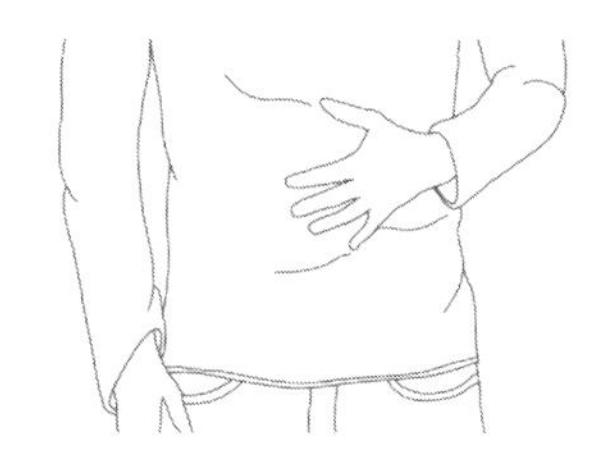

もしかしたら胃のほうがイメージしやすいかもしれませんね。
いつもと同じ食事をしているけど（朝食のパンと目玉焼きなど）胃はどんな感じでしょうか？ 今日は軽い感じ、少し重たい感じ、またはスローな感じ、今日は昨日と違ってもう少しアクティブな感じ、など感じてみましょう。

▶ 首や肩のまわりの筋肉はどうですか？
こわばっていますか、リラックスしていますか？ こわばってるとしたら、どこからどこの部位がこわばった感じがしますか？

＊コツは、リラックスして自由に感じてみることです。「そんなの合っているかどうかわからない」など思わなくて大丈夫です。現代では正解を重要視する傾向がありますが、自分の感覚をのびやかに使い、身体の内部を感じられるようになると、働き方や環境を考えるとき、感覚を自分の羅針盤として使えるのでとても役に立ちます。

ワーク 体調見える化

▶ 今、何を食べたいですか？ １週間、朝に箇条書きにしてみましょう。いつも同じなのか、それとも体調に波があるか、見える化してみます。

例：なんだか脂っこいもの、ドカンと満足感があるものが食べたい。
　：さっぱりした大根おろしあえのようなものが食べたい。

Day1 /

Day2 /

Day3 /

Day4 /

Day5 /

Day6 /

Day7 /

＊ただ、このワークには条件があります。今現在、感覚過敏や不安障害、パニック障害など自律神経系の不都合を抱えている方は内受容感覚にアプローチするのは少し先にしてください。自分の状態を感じないことで、自律神経が暴れないように気を付けている、という方はその方法を大切にされてください。心が安心を感じていられる時間をたくさん持つことをおすすめします。またはセラピーによって神経の状態を変えていくこともできます。

身体は必要なもの、ことをすべて知っています。

身体は「どうやったらその人が命を保全できるのか」に沿って、欲求や命令をくだすので、身体の言葉を聞くのも大切なことです。

身体にとってカロリーが必要なときは脂っこいものを食べたくなりますし、胃が荒れているようなときはさっぱりした大根おろしのようなものが食べたくなりませんか？

世間でいいと言われている食べ物が、その人の今の状態に合っているかどうかはわかりません。

何を食べたい？ と身体に聞いてくださいと言うと、「わかりません」とおっしゃる方も多いのですが、めげずに回数多くトライしているうちに確信のようなものが出てきます。今日は身体が欲しがっているのは絶対肉だな、など。もちろん身体のニーズが分かったからといって、同僚とランチに行った時に、いつもこちらが食べたいものを主張するわけにもいきませんが、大切なのは「身体に聞いて、答えをもらう」という行為とその回数です。

身体は、潜在意識と今あなたが考えている意識をつないでいます。

身体の感覚にフォーカスしていけるようになると、自分はこういう方向のことをやろう！ のような人生の羅針盤（インスピレーション）も手に入れることになります。有名なあまたの大実業家が「迷ったら最後は直感で決める」というのを聞いたことがある方は多いのではないでしょうか。

現代では世相は混沌とし、先の読めない時代にもなりました。大企業でも先の予測が効かないこの時代に、私たちはもう一度身体の叡智に戻ることが必要なのかもしれません。

この章ではHSPの困りごとと直結している、多すぎる○○の刺激をなんとかしよう、というテーマにアプローチしてみました。

少し前に伺ったある企業の部長さんの言葉が思い出されます。

「仕事ができる人とはどんな人かって？そうだな……私は『落ち着き力』のある人だ、と言いたい。仕事のうえではね、トラブルというのは必ずあるものなんです。クライアントがいきなり無理難題を持ってきたり、チームのなかで思わぬ不和が起こったり、自分が思いもよらぬところでミスしてしまったり。トラブルは、『あるのが前提』です。

でもそこで、落ち着いて、前向きに物事を観察できたり、仲間を信じてヘルプ信号をだせたり、どうしようもなくなる前に上司に報告する、そういう精神状態をキープできる人が最後には勝つ。

そう、落ち込んでもわりとすぐに気分が治り、自分のご機嫌が取れる人、それが仕事ができる人だな」

ああ、これこそ自律神経の自己調整力をつけるという話だな、とその時思いました。

まとめ

生きづらい、人に過度に同調しすぎてしまう、などはその人の「性格」ではありません。過去に構築した防衛パターンは解除できます。

そして何より大切なのは、パターンを構築してなんとか生き抜いてきた自分を思い切り褒め、優しい目で見返すことです。

不調がある場合、表を見ながらどの刺激が自分にとって過多なのかを考えてみましょう。

① 現在の刺激が多すぎる（環境ストレス）
② 過去の刺激が多すぎる（逆境体験によるストレス・トラウマ）
③ 身体的不調整（心地悪さ）

それぞれの項の解決法やワークなどを参照し、ただぐるぐるして、巻き込まれている状態から抜けていきましょう。

各種の刺激過多が解決されると、その人は強みを使って仕事の成果が出せる「スタンバイ状態」に入ります。

おまけ ――「ぼっちリトリート」

いまここの身体感覚を持てると、人生が開けるHSPさんが多いので楽しいオススメをもうひとつ。それは「ぼっちリトリート」です。3日以上ひとり旅をします。この旅では100%身体の声を聞きます。「お腹が空いたら食べる」「出かけたくなったらでかける」など身体のニーズにコミットし、頭がオススメしてくる「論理的な情報」や「事情」では動かないことを自分と約束します。

例えばNG項目は「社会の都合で動く（閉店時間までに行かなきゃなどはNGの意）」「常識やテレビで見た身体にいい食べ物などに配慮して食べること（栄養バランスなどは忘れて自分が食べたいものだけを食べることをやるの意）」です。

何がやりたいのだったかな、私、という方にオススメです。

6章

小さな得意を積み重ねた先の、私を「活かす」働き方

分析探求労働

洞察系 HSP

研究者・大学教授
ファシリテイター・分析職
会社の経営者や管理職
企画・マーケティングなど
考えることが生きる現場

ケア職・育成職・感情労働

共感系 HSP

看護師・弁護士・カウンセラー
先生・人事・ボランティア
ホスピタリティ提供職
対話における翻訳者的な役割
対人ケア

察知労働・感知労働

感覚系 HSP

アロマセラピスト・アーティスト
ミュージシャン・カラーリスト
美容家・身体治療家
スピリチャル専門家（五感・直感）
個人活動・専門職

「適職」なのか、「適職場」なのか？

転職を考えている人も考えていない人もHSPさんが一度は考える、「自分にとってのちょうどいい仕事ってなんだろう」。6章では「自分という個性を思い切り活かして働く」というテーマについてキャリアコンサルタントとしての体験や知見を総動員してお伝えします。

HSPさんのなかには、現在転職を繰り返している人が多くいらっしゃいます。たくさんのトライアルを重ねるということ自体は人生のすばらしいプロセスです。ですが職場が合わなくて、とか、疲れ果ててしまって続けられなくなった……という理由で退職と転職を繰り返すのは辛いです。どうしたら不本意な転職を繰り返さずに「安住の地」を探せるのでしょう。または自分にとっての「長く続けられる適職（天職）」はどうやって探していけばいいのでしょう。

その答えのない問いに向き合うオススメの視点は、次の転職をうまく切り抜けよう、現職場でどうしようか、という短期視点は大切にしながらも、人生の長期視点も持つやり方です。「適職場」「適会社」と働く場所主体で考えるだけではなくて、ご自身の強み・資質に合った「適職」をさぐりながら、何年かかけて一番したい仕事に「近づいていく」という自分本意の視点です。近づいていく？？ と驚かれたでしょうか。

漠然と「いい職場はないものか」と考え、「次がゴールだったらいいのにな」と転職を続けるのはとてもリスクの大きい賭けです。全般的に資質や能力の面で相性のいい職場であっても、同僚や上司との相性がイマイチというのもよくあることです。自分の指針が存在しない状態で、答えを探してぐるぐるしてしまうと、トンネルの出口が見えません。
　人間はどんなに苦しくても出口のタイミングや場所が分かっていると頑張れますが、出口の位置やそれがいつ来るのかわからない、という状況には耐えがたいですね。
　自分の資質や強みという「持っている力」に対応する仕事探しのやり方を「適職」探し、会社や場所といった組織の名前に対応するやり方を「適職場」探しとします。これからどちらにフォーカスをして、転職を考えていくのがよさそうでしょうか。
　どこまでいっても組織や隣に座る人との相性に左右されがちな「適職場探し」の考え方から一旦少し視点をずらして、「適職」をどうやって探すのか、見ていきましょう。

「専門職」「専門家」「ヲタク」というキーワード

　ここで「専門職」「専門家」「ヲタク」というキーワードを提案します。ご自身のなかで深い知識や技術を持って、それを社会で自分を立てる軸としていくと、HSP さんの働く環境を明確化できることが多いです。何も全員が独立して自営業（起業家）としての専門家になりましょうという意味ではなくて、自分がきっと一番詳しい！ 自分が世界でこのことを一番好き！ など「狭い範囲の深い知識」を持っていることを総称して「専門職」「専門家」「ヲタク」と呼んでいます。組織のなかで「このことは○○さんに聞こう！」と言われる存在であることも含みます。

　HSP さんの多くは感覚が鋭敏で、繊細で高い感受性を持ち、深く深く考えることが好きです。静かな環境や穏やかな環境を望みます。幅広く何にでも当たって砕けるスリルもいいですが（特に HSS 型 HSP の方には）、多くの HSP さんは自分の人生を自分でコントロールできたらいいのにと望んでいます。そういう方は、社会のなかで色々な仕事を経験して出世していくよりも、生涯自分が興味のある世界に関わっていることや、一人静かな環境で時間を自分で配分しながら仕事をすることに豊かさや満足感を覚えます。

事実、栄転を打診されても、現場職からマネージメント職にかわることを避けて、栄転を断ったり、それを機に独立する方もいます。

意味を見いだせないどうでもいい仕事はしたくないという方や、仕事の単純さに飽きて職場をかわるというアグレッシブな方もいます。

その奥にある気持ちは、「お金も大事だけど、深い納得や満足、やりがいのある仕事に巡り合いたい」ではないでしょうか。

本当にやりたい仕事に巡り合うために、私は**「人生のダウンタイム」**「人生の移行期」を意識して設定することを提案しています。

次の職場がゴールでありたい！ という気持ちはとてもわかります。なかなかゴールできない感覚があると、心が折れそうになりますね。

例えば、子どもが小さくて手がかかる、とか、小学生の子どもに登校しぶりがあっていつ呼び出されるかわからないので落ち着いて仕事に没頭できずイライラする、とか、今の職場でもやもやしているが、どう次のキャリアを描けばいいかイメージできない、等ライフステージが「思い切り仕事」を許さないときも人生にはありますね。

最近では、メンバーシップ型の雇用（これまで常識だった、新卒一括採用で総合的なスキルを求められる方式、年功序列型）が見直されています。「脱一律」「ジョブ型雇用」に注目が集まってきています。

ジョブ型雇用というのは、仕事の範囲を明確にすることで「より専門性を高める」方向性の採用方式のことで、新卒にこだわり、一括採用から頑なに方針を変えなかった日本企業がここへきて大きな転換をしはじめています。

富士通、資生堂、日立製作所、KDDIという大手企業がジョブ型雇用を打ち出したのも話題になりました。

背景となっている理由は、国際競争力とリモートワークのニーズです。欧米では当たり前のジョブ型雇用ですが、「仕事内容に必要なスキルがあるか」がその採用要件です。給与査定や人事考査のシステム作りに難しさがあるので、すぐにこの形に日本企業全体がフルチェンジするとは思えませんが、それでも専門家・ヲタク要素が強いHSPさんにとってはいい流れなのではないかと見ています。テレワーク/リモートワークの時代においては、今まで重視されてきた「学歴や年齢」よりも実際の仕事内容の専門性が必要とされる採用が増えそうです。複業を推進する動きもあり、ひとつの企業や組織に所属して一生涯その企業の仕事にだけ従事するのではなく、自分の専門性を中心にして複数の所属先を持ったり、転職をしながら働く人生を考える人が出てきています。

また、寿命が伸びて100年人生が当たり前になるという時代、リカレント教育（人生の学び直し）などのキーワードが聞かれる時代になりました。職業人生の組み立ては60歳で終わりではなく、定年は75歳にまでのびそうです。そんな中では80歳または90歳まで元気で動けることが目標にもなってくるでしょう。また、経済学者のリンダ・グラットン博士が指摘するように、仕事やお金の財産ばかりでなく「健康財産」や「人脈財産」も仕事と同じように大切にしなければ、100年という人生をイキイキと元気にまっとうすることは難しくなりそうです。

さあ、どう将来の展望をイメージしましょうか。

本当に自分のしたい仕事を探し、専門家としての研さんやヲタクとしての知識の深さを身につけながらそれを武器に社会のなかで自分らしい働き方をだんだんに確立していく「なんだかあいまいなトライアル期間」に人生の何年かを使いませんか。または、いろいろやってみて、体験から「こっちだ！」と方向をキャッチして方向を絞っていくのもオススメです。

コツは「この２年は遊びの精神を発揮してしていろいろ試すことを自分に許そう。次こそゴールとあせらなくていい」と**人生のダウンタイム**を自分に許可するマインドです。

幹線道路を外れ、ユニークな自分を探す

これまでまわりとのあまりの感覚の不一致に、「もっと普通にできるようにならなくちゃ」「人並みにならなくちゃ」「みんなができることが、どうして自分にはさっとできないんだろう」

このような言葉を心のなかで反芻してきたことがあったかもしれません。

けれども、もしもこの本でHSPは人口の15～20％いることを知り（環境感受性の研究で有名なプルース博士は高敏感な人を30％と定義しています）、他のHSPさんとリアルやオンラインで知り合い対話する機会があったなら、「なんだ、私だけじゃなかった‼」と安堵し、HSPに対する見方が変わるかもしれません。

HSPではない人から「私だけじゃないことが、そんなに重要？？」とよく聞かれますが、HSPさんにとっては「世界で一人のハズレ者だと思っていた自分と、同じ思いをしてきた人がこんなにたくさんいる！」ということ自体が、人生をリフレーミング（再構築）するスタート地点になります。（「自分だけ違う感」に悩み、まわりから理解されず、そんなの気のせいよと言われ続けた挙句、病院へ行こうかと考えた人は一人や二人じゃありません）人間の発達の仕組みから見ても、「自律神経が安心安全を確認した後に、探索行動が出てくる」＝自分の方向を探りはじめる行動がでてきます。

世界はますます、

- 強さという価値観を求め、
- 高速で処理をし、
- 効率よく常時均一なコンディションで働ける人

が評価されていく傾向に傾くのかもしれません。

しかし大多数の価値観のなかで「目立たないように」「周りと同じでなくては」と思いながら上を目指しているあいだは、HSP ならではの強みを発揮できません。じっくり深くよく考え、たくさんの情報や刺激を処理し、それを俯瞰して、だいぶたってからやり始めるように見える HSP は、何をおいても少数派です。

高速道路で競争しようとしている間は評価されにくいのです。そこではコンパクトで高性能な車がたくさん走っていて速さにおいてかないません。HSP は、例えてみれば美しいクラシックカーや人生に楽しみを提供するキャンピングカー、または特殊技能を誇る水陸両用車や移動図書館車、馬を運ぶ馬運車などの特殊な車です。車としての価値が、まったく違います。

これまで「普通であろう」としてきた価値観を転換し、「自分はどんな特殊さを持っているのか」。それを楽しみとして見ていくと、これまでとはまったく違う世界が見えてきます。社会が求める「枠組み」にどうやって適合しようかという視点ではなく、自分を世界の中心において、いろいろ体験し試しながら自分の強みや資質を、丁寧に拾い上げて数えていくような感覚です。

ご自身はどんな強みがあるでしょう。どんなことが好きで熱意がわきますか。

ワーク 自分の強みを探す

▶ 幼少のころから、それほど努力しなくてもなんとなくうまくいったことを書き出してみましょう。強みは本人にとっては「そんなこと、普通誰だってできるでしょ」と思えるような簡単にできること、なのに褒められたり、驚かれたり、他の人にはできないのか……とちらっと思ったことです。

例：読書感想文ではよく学年で何人か選ばれる校外選考のメンバーに入っていた。（自分ではこのくらいなら誰でも書けるでしょと思っていた）
：サッカーではだいたい次にどこに球が飛ぶのか予測ができた。（でも周りの人はわからないみたいで、なんでおまえそっちの方向へ走るんだよ、と言われることがよくあった）
：あなたっていつもまさにこれ！というピッタリなプレゼントくれるよね、と言われた。
：友達と卒業アルバム見ていて、すべて名前と顔が一致したことに驚かれた。人の顔を覚えるのが得意だと思う。
（「人との関係のなかで起こる強み」「身体感覚の関連の強み」「考える力からくる強み」「存在しているだけで起こること」と視点をわけて考えていくと探しやすいです）

20個くらいでるといいですね！
・
・
・
・
・
・
・

自分の質を見ていく「内観」は根気のいる作業です。一気にやろうとせず「あ、これ強みかも」と思ったら手帳の最後にメモするような日常感覚がいいです。

▶ 上記を書き出したあとに
「○○力」と、その力をひとことで表してみましょう。職場で使いやすくなります。
　あなたっていつもまさにこれ！というピッタリなプレゼントくれるよね、と言われた。→『ドンピシャ！力』のような感じです。その人がどんな人でどんな独自性があり、何を好んでいるかという個別性をパッと理解する強みがあるから、うまいプレゼントが見つけられるんですよね。

強みの内容：○○力

▶ 親しい人にインタビューしてみましょう。
「私のこと『○○するのがうまい人』っていうキャッチフレーズつけるとしたら、どんなこと連想する？と聞いてみましょう。○○しているところが思い浮かぶ人、でもいいと思います。キレイな人のような形容詞でなく、○○する人のような動詞の形で言ってもらうようにしましょう。

よく本を読んでいる人、ぼんやり何か考えている人、とにかく移動している人など

例：「あの人はああ言っているけど、こういうことを言いたかったのだと思うよ。ってよく飲み会とかで調整役しているよね」
→人の言うことの真意を理解する共感力と、相手にわかりやすい言葉で伝える翻訳する人
：「会議の最後にみんなが思ってもみない意見出してくるよね！意見が深すぎてたまにみんなフリーズするけどね（笑）」
→内観している人

思いつく強みの内容：〇〇してる人

強みは、日常にころがっている、あなたがよくやることのなかに隠れています。そういう考え方や神経回路の使い方を数多くしている、クセになっている、という意味であって、実は身近であるだけに、自分ではわかりにくい、探しにくいという欠点があります。けれども自分が本質的に持っている「○○力」を意識できるようになると、仕事で使えたり、自信を持って何かを遂行できるので成果が当然のようにあがります。

さらにイメージしやすいように、具体的な例をあげてみます。

HSPのままで強みを発揮する人たち

HSPということを自覚しながら、強みを発揮している方たちがいます。現場で具体的にはどのようなことが起こっているのでしょうか。

営業部のAさん

顧客の心を読み、作戦を立てる強みのトップセールス

Aさんの強みは、お客様の気持ちが自分ごとのように感じられる共感力と、ものごとを構造的に見られる洞察力のバランスがいいことです。

「会社の上司とともにクライアントさんのところへ行って帰ってくると、提案が通るかどうかの感触が上司と食い違うことが多い」

Aさんはそう言います。

Aさんのエピソード

「お客様が今、体調がイマイチかな、とか今日はすごく気分がいいんだな、等が手に取るようにわかるので、いつものように何気なく“ああ、いいですね”と返して来ても、本当はあまり乗り気じゃないなとか、直すべきところがあるんだな、ということに何となく気が付くんです。

帰りに上司から『今日、感触よかったよね』と言われたときに、心のなかでは（いや、今イチの感触だったけどな）と思うこともありますよ！でも『そうですね……でもB案のところにややひっかかりを感じてる感じがしたんです。直感ですけれど。次回はもう少しだけ条件を補強していきませんか』と言いつつ、提案書を直します。上司は怪訝そうな顔をして『あ……そう？』と言うこともありますけどね！

けれどもそれで成約することもまた多いので、結構上司の信頼を獲得できています」

契約を取る、というのはいかに相手が欲しいものを差し出すか、それだけだから、とAさんは爽やかに笑います。共感能力という強みと営業という分野のヲタクさんです。

企画部のBさん

アイデア力が抜群

HSPさんのなかで「アイデア力」が抜群、という人たちがいます。

ひとつの物事に対して、とにかくアイデアがたくさんでます。いろいろな角度から複眼的にものを見ることができるのです。

この方たちはイノベーションなどランダムな物事や新しいものごとにあたるのは得意ですが、システムや規律のなかで同じ事柄を着実に回転させていくような動きは不得手です。

特にHSS傾向（刺激追求型）のHSPさんは特にその傾向が強く、「きちんとした型どおりの毎回同じ仕上がりの仕事」を求められると萎縮して、本来の力が発揮できません。

Bさんのエピソード

「以前、事務職だったとき、気をつけていても抜け漏れがある自分の仕事は全く評価されなくて、苦しんでいました。メモを多用しようとも、上司に言われた注意をデスクに貼ろうとも、さして改善しません。あまりにミスが多いので自分はどこかおかしいんじゃないかと思い、病院へ行こうかと思い詰めたこともありました。でもこのままこの現場にいたら、自分は自己否定感で潰れてしまうと思い、思い切って転職しました。

現イベント企画部では、自分で言うのもなんなのですが、周囲から安定感ある信頼を得ています。

あるハウスメーカーさんの見学イベントに人が集まらないというお悩みを聞いたときに、東京のレストランで有名になった地元の農家さんのオーガニックのオリーブオイルや、隣の市でおいしいと評判の地場野菜を出荷している方に出店してもらって『普段は出会えない美味しいものマルシェ！』ってタイトルにしたんです。そうしたらたくさんの主婦の方が家族連れで来てくれて大盛況でした。

煮詰まっている現場でもアイツに言えば、なんかおもしろいことやってくれるかもと思われているみたいで……プレッシャーですけど嬉しいです」

自分には当たり前すぎて気づいていなかった「アイデア連発」という、子どものころからの得意が、人にはわりと難しいことなんだ、と腑に落ちたのが大きかったと笑うBさんは、アイデアヲタクさんです。

理学療法士Cさん

福祉の現場にて。関係を築く強み

人を癒す現場にいらっしゃる共感系のHSP、Cさん。繊細に人の心に気づき、傷ついている人を誰よりも早く察知する強みがあります。

Cさんのエピソード

「私は介護老人保健施設で働いている理学療法士です。

患者さんのリハビリの様子を何気なく見渡すだけで『あの人は今、言葉をかけてほしいんだな』『顔は笑っているけど、この人相当弱っているな』『強がっているけど、恥ずかしくて入っていけないんだな』等々、その人の心のひだに気付けます。利用者さんからは、よく声をかけていただき、信頼されているのがわかるのでやりがいがあります。

特別なことをしているわけじゃなくて、あ、今きっと話を聞いてほしいんだなと思ったら、うんうん、と相槌をうちながら言いたいこと全部言わせてあげようと思っているだけなんですけれどね。先日も『Cさんとしゃべっていると怒っていても忘れちゃう』とか『くさくさしていたのに知らない間にすっきりしているよ、あなたは不思議な力があるね』なんて言われました。嬉しかったです」

ただ、この強みを持つ方たちは職員同士の軋轢に悩んでいる傾向があります。

効率的でテンポが速い非HSPさんが多い現場においては、Cさんがゆっくり人の話を聞いて座り込んでいることは無駄と取られることもあります。「なんでそんな余計なことばっかり気を取られて仕事が進まないの」と言われて凹むことがあったり、担当外の患者さんや子ども達がみんなＣさんに信頼を寄せるので、嫉妬されるということを教えてくれました。

非HSPさんの職員さんに対して「逆になんであなたは利用者さん（や患者さん）の気持ちに気がつかないの？」と捉えていると対立構造が生まれます。これは優劣ではなくて神経や脳の構造の違いなので、お互いに違うところを補強し合って仕事をしていることを、時間をかけて理解してもらいましょう。

例えば「私は利用者さんの細かいニーズに気づく強みがあります。仕事は遅くみえるかもしれませんが、チーム全体としては、ひとりそうやって患者さんの気持ちに寄り添っている立場のものがいるのも、この病院としての評価があがると思うんです」のようなことです。

さらに、これを言う前に、いかにチームのメンバーとの心の信頼関係を築くか、がミソです。

人は正論を正面きって言われるとカチン！　ときますよね。まずは日頃のたわいもないコミュニケーションを増やし、仲良くなってから丁寧に話すと、通じる確率がぐんとあがります。浅い話は苦手、と思われるHSPさんも多いですが、ささいなことで相手が喜びそうなことはないでしょうか？　あのお店のクリームパンはバニラビーンズの量が多くてクリームが絶品なの、九州から取り寄せたこのお味噌最高だから試してみて、この靴ね、特許取っててめちゃくちゃラクですよ、等いかがでしょう？

さらに、Ｃさんのような人の心を扱う力が飛び抜けている人はカウンセラーやセラピストという専門家として独立する人も多いです。

製造設計のＤさん

些細なことに気づき構造を理解する超洞察系HSPさん

Ｄさんの強みは、とにかく「ささいなことに気づきまくること」

と「構造を理解し、組み立てる力」です。

精密機械の製造設計をしているので、設計ミスでバグが起こることは会社として致命的な商品クレームにつながります。初期の商品が、その後いくつかバージョンアップをとげて現在の商品になっている歴史を、分厚い本1冊分以上の説明書からすべて頭に入れています。

プロだから当たり前じゃないか、と思われるかもしれませんが、同じ職種であっても普通の人にはなかなかできることじゃありません。ですが、自分の強みには、Dさんなりの悩みがありました。

Dさんのエピソード

「精密機械の設計といえば、設計者全員が精密に考えているかというと、その精密度合いがやっぱり人によって結構差があるんです。膨大な設計の歴史を確認しているときに、あ！これはミスじゃないか、と気付いてしまうことがたびたびあります。そのままにしておくと、いつか新聞に載るような大きなクレームにつながるかもしれない、でも今のところクレームが来ている気配もなく、製品も偶然かもしれないがきちんと作動している。これを黙っているべきか上司に報告するべきかすごく悩みます。設計ミスのわずかな兆候があるが、現状うまくいっている。でもいつバグがくるのかわからない。直しましょうと言えば多くの製品がリコールになります。進言して、上司にいやな顔をされることも、実際あるんですよ」

リスクへの気づきレベルが人類最上級であろうDさんのお気持ち、とてもよくわかりますね。

会社としてリスク発見を損失ととるのか、まだ見ぬ大クレーム事件を未然に防げたと見るのか、それはチームリーダーにもよるでしょう。上司によって判断が違い、それによって感情が揺れることに対して、ご自身のなかでバランスがとれれば、強みとしていろいろな局面で使うことができそうです。典型的な専門家さんの例です。

研究職のＥさん

とにかく情報の量が多く、いろいろな可能性を提示できる

内向的で人見知りなＥさんは、環境デザインの会社に属する研究者として働いています。思考量の膨大さが強みで、考えていること自体が好きなので、徹底的に論文や研究知見を集め、比較研究をすることに喜びを感じています。デザイナーチームと話をし、時には学生さんたちとコンペの案件に対するアイデア出しをしたり、会社のホームページを作る、ウェブの構造を考えたりもしています。

Ｅさんのエピソード

「僕はひとりで考えていること自体が好きで、休みの日には１日中ソファにすわって考え事をしているようなタイプの人間です。雑談とかは割と苦手ですね。

今の会社はランドスケープデザインの会社です。

ランドスケープデザインは、デザイン的な思考や技術 と工学的な空間情報技術 と両方必要ですので、基礎研究分野は多岐に渡り、とてもやりがいがあります。

今の会社は小規模なので、フィールドワークからデザインコンペまでいろいろな業務分野があり、それぞれ関わりたいところに関わっていける自由さがあるのが気に入っています。ただ、僕が理詰めなところがあって、歴史や背景を一から説明したくなります。また見通しの甘い案を他のメンバーが出したり、コンセプトが未完成なのにやってみようよ！　などと言われると『なぜそれで

はダメなのか』ということを倍返しで説明しちゃうんですね。時にミーティングがしーんと静まり返ってしまうことがあります。これ言ったらまずいかもなと思いつつ、言わなきゃ現実的にあとで頓挫する部分がでてくるので、つい言っちゃうんです。人の感情の扱いを習熟していく必要がある……とは思いますね」

洞察力が高くとにかく情報量が多いＥさんですが、自分の言いたいことをすべて言わなければ気が済まない、というところがあると自分でも言っていました。

人は想定よりも大きい情報をいっときに洪水のように出されると、誰でも困惑します。

会議なら「この５項目のうち今日はここの部分を話します」と伝えておく、雑談のなかでなら、「それについては考えておくべきことがすごく多いと思うんだけど、今言ってもいい？」など、たくさんの情報を持っていることをあらかじめきちんと伝えることは、相手の心算のために重要ではないでしょうか。

話し始めてからも、相手の顔に疲労の色や困惑が浮かんでいないか、それとなく察知できるといいでしょう。

それにはまず、自分は頭のなかで考えている情報量が常に人より数倍多いのだ、ということを了解しておくことも大事な「前提」ですね。

契約社員＋副業のハイブリッド就業Fさん
マルチポテンシャライトさん

ハイブリッド就業というカタチが、HSP のなかでも刺激追求の HSS さんの中で広がってきています。

F さんはコーチングの会社で週 3 日、学生の受験塾で週 2 日、働いています。あとは友人のキャンプ場経営のボランティアをしたり、社会人の合唱クラブに所属していたり、1 週間をパワフルに使い切っている印象です。

幼い頃から感覚過敏があり、疲労が激しく、よくダウンしていましたが、セラピーを受けて自分のなかに安心感覚をインストールができてから（レジリエンスが育まれた、という 5 章の内容）、刺激コントロールが簡単になったそうです。

Fさんのエピソード

「私は、いろいろなことにどんどん首を突っ込んでいくクセがあるので、いつも親から”また中途半端な！”と怒られて自信をなくしていました。何一つモノにならない、途中で全部辞めて逃げるって。でも世の中にマルチポテンシャライト（エミリー・ワプニック氏創始概念）という、たくさんのことをやり続けている人がいることを知って、そういう自分を否定しなくなりました。

今は外でいろいろなことに挑戦しつつ、苦手な家事はプロに頼んで週に 1 度家事サービスを使っています。おいしいお惣菜を作ってもらえるこのサービスを知って、お金がかかっても苦手なことをやらないことの生産性を知りましたよ！ 毎日家に帰るのが楽しみです！」

F さんにとって一番大事な価値観は「自由」です。すぐ涙が出てしまう繊細な自分を認めつつも、気分のムラや感情の乱高下は幼少期の問題から来るものだったと知ったのが大きかったようです。それをきちんと癒すと、紆余曲折ありつつも、ほんとうに自由な生活を手に入れることができた！ と笑っておられました。

HSP さんは概して「自由が大事」です。

何にもとらわれずに、自由に生きたい！ それが最上のご馳走！というとき、ご自身にとって、何の自由が大事でしょうか。次にそれを見ていきましょう。

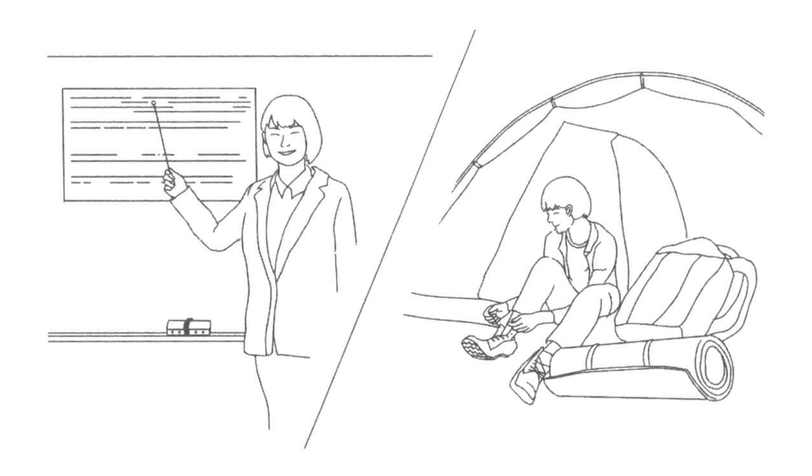

ワーク 自由という価値観

強み・適性とともに価値観も大事です。強みが車体だとすると価値観はガソリンや電力です。自分を動かす動力のありかも知っておきましょう。HSP さんは「自由」に対して言及する人が多いので、そこを見ていきましょう。

あなたがよく感じることは以下のなかにありますか？
選択肢を読んで１番気持ちが動くな、と思うのはどれでしょうか。

A：タイムカードを8時半に押さなきゃいけない生活から、フレックスタイム制やテレワーク制になって、自分で仕事時間を決められるようになったら、たとえ終わる時間が遅くなってもそちらのほうがラクに仕事できると思う。
テレワークで家でお天気のよい平日に布団が干せる幸せを知ったとき、なんてすばらしいのだろうと感激した。

B：出勤時の電車通勤から自由になれるのであれば、もっと仕事のパフォーマンスがあがると思う。あの満員電車や電車内の匂い（や音や視界に入るごちゃごちゃした風景）を経由しないで仕事ができるのであれば多少仕事が増えてもいいとすら思う。

C：判で押したように決まったことを毎日していること自体が飽きてしまって耐えられない。このままあと10年同じことをするのは無理だ。いろいろな仕事をやってみたいし、仕事が違ジャンルにわたっても、多分できると思う。

D：組織で働くときに、まわりのメンバーを選べないことはわかっている。でも嫌味を言われたり相性が悪い上司や同僚のもとにいると、気持ちのアップダウンが激しくなりすぎて、疲弊してしまう。1箇所で人の圧に我慢するのじゃなく、いろいろなチームで働いてみたい。

E：お金は重要な要素であることはわかってる。でも生活の豊かさはお金だけじゃないと思う。夕日のすばらしさに震えたり、友達とライブに行ってワインを飲んだり、そういう豊かさを実現したい。生活上の経費をもっと抑えられたら実現するのに。

A　は時間の自由。
B　は環境の自由。
C　は取り組むジャンルの自由。
D　は人間関係の自由。
E　はお金や豊かさの定義の自由。　です。

あなたにとって一番最初に獲得すべき自由は、どの自由でしょうか。

時間の自由、場所の自由、お金の自由、気持ちの自由、対人関係の自由……優先順位が高い「自由」から、どうやってかなえていこうかを考えていくことができるいい時代になりました。コツは全部いっぺんに動かそうとしないこと。情報量の多さに圧倒されて動けなくなります。生活のなかでひとつひとつトライしていきましょう。

ワーク　あなたの強みと価値観から職種をイメージしてみる

「こんな働き方ができたらいいなあ」とか「自分のこういうところを活かせるといいなあ」とイメージする、将来の働き方を考えてみましょう。
例があったほうが考えやすいかもしれませんのでこれまでに実例として出した６人の例を表に入れてみました。
「今はこういう状況だから……」「基礎知識もないのにできるわけがない……」など制限をつけずに、イメージして書いてみてください。コツは価値観や強みの傾向と本質的適性がある現場を先に夢見て、そのあとに職種をイメージするやり方です。職種に自分をあてはめるのではありません。
複数書いてもオッケーです。

強みの傾向	こういうのがいい！現場イメージ	職場イメージ
洞察+共感HSP	人と接し、やり取りがある現場	営業部Aさん
着想力+HSS(外向型)	アイデア力と行動力を活かせる現場	企画部Bさん
共感系HSP	共感力を生かせる、人を育成やケア	福祉現場Cさん
超洞察系HSP	思考力・構造的俯瞰力が活かせる	製造設計Dさん
内向型HSP	学習力・知識量が活かせる	研究職Eさん
マルチポテンシャライト	フレキシブルな働き方、裁量労働制がとれる	ハイブリッド就業Fさん
		あなた
		あなた
		あなた

＊感覚系の方は p87 ～ p91 を参照

不思議なもので、目標や夢を見える化すると、脳はそこへ到達するための情報を拾ってきます。

赤いバックが欲しいな、と思っていると、街で赤いバックばかりが目につきませんか？ 脳は必要情報を自動選別する機能を備えているので、イメージしたもん勝ちです。

精神的な報酬・ライフワークを見つけるための「人生のダウンタイム（休憩）」

HSP さんはお金のことだけじゃなく、納得感のある仕事でないと、だんだん疲労感がたまっていく傾向にあります。

何かしら精神的に得るものがある、社会の役に立つ天職だと思える、というようなやりがいや納得感です。
要するに精神的な報酬もある仕事、が必要です。

それは必ずしも、うおーーーーっ！ この仕事が好きだ〜〜〜！と叫ぶようなエキサイティングなこととは限らず、静かに淡々と観察してきたことだな、とか、人生のなかで長くかかわってきたな、という満足の感覚がある事柄も含みます。

例えば身体の声を聞くことには、子どものころから長けていて、隣にいる人の体調の良さ悪さがすぐわかった、とか、どこにいても「美しい」とか「エネルギーがある」と感じるものばかりかかわってきて、エンタメ業界、アパレル業界と場所をかえたけれど、自分にとっては同義で「美を見つけ世に出す」という仕事だった、とか、制作進行やチームを運営することがなんか多かったし好きだったのは、今考えてみると「人をマッチングすることで前進させるのが上手かったな」とか、植物が好き！ どうしても植物や自然のそばにいたい！ それが一番落ち着く……とか。
ご自身が本当にやりたくてやってきたことの「共通項」を探していくと、そのコンセプトのなかに天職に通じる道があるものです。強みというのは回数多く使っている思考回路です。
今、会社員や組織で働くことをどうしていこうか悩んでいる方や、このままもやもやしたまま一生過ごすのかなあと漠然と思っている方は、まず現在の会社員としての生活を「距離感」を持って眺め直してみてください。「子どものお迎えに早く行かなくちゃ‼」「土日は飲み会とゴルフ掛け持ちかあ……疲れたな」など毎日の忙しさに巻き込まれて分刻みで走っている状態では、ライフプランは見えにくいです。「ああ、生活の段取りばかり考えているなあ」という気づきがあったら、15分のカフェへの寄り道を日課にして、ぼーっとする時間を持つのはどうでしょう。

40歳、50歳、60歳のときには何をやっていたいだろう？ となんとなくイメージする「宙ぶらりんな状態」は、実はとっても大事です。「この2年は遊びながらいろいろトライアル！」と、人生のダウンタイムをわざわざ設定するのです。日本人はこれまで人生のダウンタイムを持つ習慣がありませんでしたが、「世界幸福度ランキング1位」の称号を何度も受けているデンマークなど北欧の国では「人生のダウンタイム」はすべての人に認められた権利と考えられており、図書館などでも人生を捉えなおす情報が得られるようになっています。

すでに到来している人生100年時代においては、60代で何かはじめることもまったくもって可能であり、人生のなかの転機のひとつになっていくでしょう。

そのために「人生の移行期＝人生のダウンタイム」を設定します。

ダウンタイムのテーマとして以下のようなものがあります。

- 日常のなかに意識的に「遊び」を持たせてみる
- オンラインやリアルイベントで興味のあることを体験をしてみて、手探りをするような感覚で深堀りしたい専門性やヲタク案件を探す（日本では長く続けることに価値がありますが、合わないという感覚があったらすぐにやめて次を試してもいいですね）
- お金になる仕事と、お金にならないけれども精神的充足のある活動の両方を併走することに視野を広げてみる（仕事の傍ら、何かの啓発活動を友人がやっているのを手伝う、不登校の子どもたちを支えるボランティア団体で勉強を教える、等）

そこでは新しい人脈や、仕事と生活のバランスという、お金にはならなくても人生の健康を支える新鮮な体験があるかもしれません。

　または組織にいる自分を試す、という気持ちで、「この分野はおまかせあれ」と言える人になるために、ある分野での自分のチカラを磨いていく、という考え方もあります。いくつかの分野の掛け合わせによって、社内の専門家としてのニッチな存在になっていく人もいます。
　仕事をどちらへ作っていこうか、と考えながらドライブしていく人生はこれまでフリーランスや起業家だけの世界の話でした。しかしこれからジョブ型雇用が少しずつ取り入れられていく社会においては、組織人にとっても可能な考え方となるでしょう。
　カンタンという意味での楽な世界ではありませんが、人生の本当の満足や納得が生まれる世界です。
　さらに、組織にいても、専門領域の自分の仕事に対する想いや、語れる範囲での考えなどをSNSで発信していくのは、これからの時代、仕事の可能性を開くと思います。SNSは心の価値観でつながりを持つことができる稀有な場所ですので、HSPさんにはとても価値のあるツールです。リアルな対面のつながりのなかでは、「自分の繊細さ」など内面の話題はなかなか話しにくいものです。SNSは類友が集まりやすいですので、ヲタクな発信をするあなたを見ている人はきっとどこかに必ずいます。

降りてもいい、進路変更してもいい、もっとわがままな人生設計を！

　社会はすごいスピードで変わっています。2021年、日本ではまだリモートワークは3割にとどまっていましたが、中国やアメリカでは6～7割というデータもあります。テクノロジーの変化によって、これまでになかったアイデアの仕事が出てきています。
　HSPとしてのあなたは希少で貴重な人材です。大多数から外れた角度で眺めてきたことを、今こそ社会に還元できます。「仕事や場所を変えるヤツはこらえ性がない」「一度始めたら長くがんばりなさい」と親に口を酸っぱくして言われきたことで、転職回数が多い自分にダメダメ印を押している人も多いですが、これからの人生 100 年時代、そのような思想では社会がうまく機能できないことも予想されます。これまで 35 〜 40 年ほどだった仕事人生が 50 年以上に伸びる（事件ですね！）これからの時代には、急速にかわるテクノロジーへのアップデートなどが必要となってきています。組織のなかにいても学歴やスキルを刷新していく考え方が必要となってくるという経済学者もいます。

自分の人生をハンドリングし、もっとわがままに人生を設計したほうが、健康で長生きできるかもしれません！

「専門家」「ヲタク」にこだわりすぎる必要もありません。ご縁が仕事を運んでくることだってあります。何かを目指し、一直線にそこへ向かっていかなければ！ と思うマインド列車から降りることこそ必要です。今の自分を感じながら目の前にあることを一生懸命こなしていたら、現状にたどり着いたという経営者はとても多いです。

必要なことを相手に伝えるという誠意〜アサーション

そうやって、自分で自分の人生を創っていける！ という時代が来たときに、HSP さんにはひとつ、獲得するべきスキルがあります。HSP さんは相手の気持ちを察知する能力が高すぎるほど高いので、自分を主張せずに過剰に相手に同調してしまう傾向があります。

「えっと。今はできないです」「それは…私にはわからないですね」「私は今日はお先に失礼しますね！」といった「お断り」を、しれっと言える人がうらやましいと思ったことはありませんか？ 相手の意に少しでも背くことを言うと、相手を傷つけ（嫌われ）関係がおかしくなるのじゃないかという、そこはかとない思いが湧いてしまうHSPさんが多く、自分の気持ちをきちんと感じることなく、相手に合わせにいくことが多発しています。

昔「鈍感力」という本が大ヒットしましたが、私はあのとき、心の底からそれ‼ うらやましい！ と思いました。HSPは鈍感になることはできませんが、スキルを獲得することによって相手との心地良い距離感を獲得することができます。

アサーティブな自己表現、という言葉を聞いたことがありますか？ 自分も相手も大事にする自己表現という意味です。

組織での会話スタイルには、次の三つのパターンがあります。

非主張型自己表現

自分の考えや気持ちを言わず、言いたくても自分を抑えて、結果として相手の言うことを無条件に聞き入れてしまうこと

攻撃的自己表現

非主張型の逆で、自分の考えを一方的に通したり、マウンティング、押しつけ、自分の発言に責任をとらないで言いっぱなしにしたりすること

アサーティブな自己表現

自分の気持ちをごまかさずにはっきりさせて、それを伝えたほうが自分も相手も大切することになるかどうかを判断し、正直にわかりやすく伝える努力をすること

とくに二つ目の攻撃型自己表現の上司にあたったときは、どうしようか思い悩むことになりますね。日本の組織はまだまだジェンダー・バイヤス（文化的・社会的性差による差別や偏見）が根強い組織もあります。

日本の学校では「人に親切に」「人に迷惑をかけない」ということを教えられます。そのことは美徳でもあり、災害下にあってなお行儀良く列に並ぶ日本人が、世界中で絶賛されることにつながりました。しかし他人ばかり大切にするのではなくて「自分も大切にしていい」のです。

組織のなかで、「だって自分を主張したって、何も変わらないし、それって疲れるだけじゃない」と思う気持ちが湧くかもしれませんが、この技術は「相手に自分の言うことを通したい」という端的な交渉術だけでなく、安心な環境を実現する豊かなコミュニケーションの世界でもあります。

HSP は、子どもの時から大人の気持ちが透けて見えるので、なりふりかまわず「ねえ、助けて」と言えなかった経験をしていることが多いです。大それたことではなくて、日常的に消しゴムを忘れてドキドキしたときに、「心配なんだね、大丈夫まわりの人が助けてくれるよ」と暖かく背中に手を置いてもらうような経験ってなかったなあ、というようなことです。その逆に「心配性だねえ……誰かが貸してくれるから余計な心配しないの！（めんどくさいやつ……）」という（一般的な）態度に、傷つく敏感な子どもでした。HSP さんの感受性の高さは、ポジティブなこともネガティブなことも人より強く認識しますので、普通の人には取るに足らないようなことでも、小さな心の傷が積み重なっていることもあるのです。（長期性のトラウマ）

助けてもらえることを知ってはじめて人は自立していくことができます。そこには自己効力感が育つ心のしくみがあります。

アサーションの世界は、毎日の小さな練習や自己イメージのトレーニングが必要です。安全な場所やコミュニティで、穏やかに自分を伝える練習をしたり、それをできた自分をちゃんと褒めてあげることを積み重ねると、葛藤が減って組織のなかでぐっと生きやすくなります。自分ができることはできると言い、できないことはそれを認めて助けてほしいと言って、いいのです。

ワーク アサーション

働いているときに、言いたかったのに飲み込んでしまう言葉を書き出してみましょう。

それをアサーティブに表現するとしたらどう言い換えられますか。

誰に対してどんな言葉を飲み込むことが多いでしょうか。

誰に	飲みこんでしまう言葉
上司	「さっきこの仕事をやれって言われたからやったのに、こっちの仕事まだできてないの？とはどういうことよ!?」

言い換え➡相手にも自分にも利益になるようにセンス良く言い換えるには、どう言いますか？

「先ほどAの仕事の指示を受けました。こちらが最優先と思って先にやったのですが、もしかしたらBを優先的にやったほうがよろしいでしょうか」

双方の利益➡その結果、お互いの利益となったことはなんでしょう。

優先順位がお互いに明確になったことによって、チーム内の仕事が効率よく進む。私も上司も余計な葛藤をかかえずに、淡々と仕事を進めることができる。

「内側の自分軸」と「外側の居場所」をカバンにつめて 自分らしい生き方、働き方を探そう

ここまでお読みくださり、ありがとうございました。

「社会で働くHSPさんが、認められながら幸せな仕事をしていくために」というテーマでお伝えしてきました。

「身体感覚としての安心感」がインストールされていれば、HSPという生まれつきの特性は才能として使える資質です。強みを見ていくことや過去の逆境的体験を「よくがんばったアタシ（オレ）」と優しい眼差しで見返してあげることで「内側の自分軸」がふっくらします。どこからでもやりやすいところから楽しく取り組みつつ、まずは自分のなかに「湧いてくる安心のフィーリング」を味わい構築していきましょう。それは誰にでもいつからでも可能です。

そして「外側に安全な居場所」を持ちましょう。自分を偽ったり飾ったりしなくていい人間関係です。友人ひとりでも、パートナーでも、安心のコミュニティでも、身体（自律神経）が緊張しないで、リラックスしていられる場所や関係のことです。

「もっと強く生まれたかった」と思うことがこれまでの人生のなかにあったかもしれません。けれども「ツライ想いを味わったからこそ、それを克服したときには誰かを手伝うことができる」ということでもあります。

人から与えてもらう安心も、自分が人に与えることができる安心もどちらも大切にしたいですね。

人として少数派の特性を持って生まれ、その悲しみを味わい、それを力強くリフレーミング（再構築）できたときにはじめて、多様性ということの本当の意味を、世界に広めていくことができるのではないでしょうか。

私は、HSPが全員元気に仕事をして強み・才能をあますところ

なく発揮すれば、日本の国力の底上げもできるくらいのインパクトがあると信じています。世界が急速に変化しているなかで、HSPの可能性は無限です。HSPの「処理の深さ」や「感受性の高さ」という特性を使いつつ、ご一緒に何かを創造し、笑い、喜び合っていきたいですね！

どこかでお会いできる日をとても楽しみにしております。

おわりに
HSPだからこそ、幸せに働ける

最後まで読んでいただき、本当にありがとうございました。
「な〜んだ、HSPに生まれたことってギフトだったんだ」そんな感じがした瞬間を持っていただけたなら、とても嬉しいです。

社会のなかでサステナワーク（持続可能な働き方）を見つけたい。これはすべてのHSPさんの願いではないかと思います。持続可能とは、均一なコンディションで高速回転することではなくて、立ち止まったり落ち込んだりしても、またポワンとニュートラルな自分に戻れる力です。
多くの人の人生が100年に伸びた今、誰しもいろいろな転機を経験します。人生プランなどと言いますが、プランどおりに人生が運ぶことは稀ですね。予期せぬことが起こったり、進めないことが起こっても、わたしたちは人生を暮らしていきます。しなやかに人生を進むとは、実は「不均一」を受け入れることではないでしょうか。

迷ったり悩んだりする転機のときに、人生を少し離れて眺める期間（ダウンタイム）を持つことをお勧めしています。今すぐ仕事を休業するようなことでなくても、自分を眺める静かな期間を持つことはできます。「少数派に属する人は、自分のなかに安心感覚を持つのに練習がいるのね？」以前あるHSPではない心理カウンセラーさんから言われた言葉に、はっとしました。
少数派は、いろいろ不都合なことがあったり、認められにくかったりすることがあります。けれどもその困難を乗り越えた人こそ、人を助けたり後押ししたりできる人だと、心からそう思います。

これまでに5848名（2022年12月現在）のHSPの方との対話を

通して、さまざまな人生の転機に出会って来ました。HSP さんの際立った個性が三度のメシより好きです。
　わたし個人的には「仕事」という社会的つながりと、「身体や心」という個人の身体反応（感性）の両方を見ながら人生の転機を乗り越えることをこれからもお伝えしていきます。命を守る仕組みである身体叡智（特に自律神経）の協力なしには、これからの長寿命社会で幸せに働くことは難しいのではないかとつくづく感じています。
　新たな叡智を研究者の先生方から学びながら、現場では心理セラピスト・ボディワーカーのみなさまと連携をとり、協働企業さんの現場の声を聞き、教育委員会の研修等で社会にでていく子どもたちの話を聞きながら、これからの時代の新しいスタイルの「働く」を模索していきます。そして神経系に特性がある HSP の多様性をのびのびと謳っていった先に「多様性」などというものは当たり前だ、という世界が現れることを祈念しています。
　新しい技術分野の方もどうぞお力をお貸しください。神経の敏感性を数値的に測れる技術があれば、HSP の世界はさらに前進するのではないかと夢見ています。

　本を通じて同じ HSP さんに語りかける機会をくださった梨の木舎出版の羽田ゆみ子さん、栄田千春さん、ありがとうございます。世の中にこんなに人の体温を感じる出版社があるのかと驚きました。
　イラストと表紙を担当してくれた山本楓人くん、山本佳邦子さん、短時間にすばらしいイラスト＆デザインありがとう！
　そして梨の木舎とつないでくださり、ポリヴェーガル理論やトラウマ理論についていつも学ばせていただいている浅井咲子先生、ありがとうございます。
　同じくトラウマ理論について常に新しい考え方やセッションのブラッシュアップをくださる淵野俊二先生、福井義一先生、心よりありがとうございます。

人生の師であり、生きるとは、表現とは何かをいつも語りかけてくださる辻信一さん、ありがとうございます。「ゆっくり、遠くまで」の言葉をいつもかみしめています。

働く人の応援を、その眼差しとユーモアでご教示くださる田中潤先生、現場の人への暖かいあり方にいつも学ばせていただき感謝でいっぱいです。

デンマーク社会のメンタリティは持続可能な働き方に多くの示唆をもたらしてくれます。矢野拓洋さん、多くの学びをありがとうございます。

HSP とともに歩み、大きな力を注いでくださっている明橋大二先生、長沼睦雄先生、串崎真志先生、友人でもいてくれる武田友紀さん、HSP 未来ラボの仲間たち、ありがとうございます。

そして最後に、夫と娘たちの暖かい励ましがなかったらこの本は完成しませんでした。ありがとう。

HSP さんたちが、その敏感な神経系という才能を人生のなかで幸せに活かし、心軽やかに歩んで行かれますように。

皆川公美子

皆川公美子（みながわくみこ）

5848名（2022.12現在）のHSPの相談にのってきた・国家資格キャリアコンサルタント・Gallup認定ストレングスコーチ・(株)サステナミー代表・キャリア・デザイン学会正会員。TRE(トラウマ&テンション・リリース・エクササイズ)国際認定プロバイダー。自身もHSP。

HSPが生きづらさを解消してイキイキと働くためのセミナーや長期プログラムを2018年より開催。HSP概念は強みの人生に転じるツールと位置付け、企業やビジネススクール、日本全国の教育委員会の研修等に招聘され登壇。「働くHSPの強みと特性」「HSCが伸びる環境の作り方」など心理的安全性とHSPをテーマにした講演に大きな反響がある。

2018年よりポリヴェーガル理論や神経生理学についても400時間以上トレーニングを受けており、身体と心のつながりの知識が就労現場にも必要であることを提唱している。理論創始者のアーロン博士が制作したHSP映画の日本字幕を製作し、自宅からでもHSPを気軽に知ることができるHSP映画サイトを創設。

人生100年時代の大人の学び直しの場を日本にも創設することを目標としており、国連幸せランキング上位国・デンマークへの教育視察なども行ってきた。

HSP映画サイト

参考文献

○「今ここ」神経系エクササイズ――「はるちゃんのおにぎり」を読むと、他人の批判が気にならなくなる。（浅井咲子 著／梨の木舎）

○「いごこち」神経系アプローチ――4つのゾーンを知って安全に自分を癒やす（浅井咲子 著，栄田千春 編集，大越 京子 絵／梨の木舎）

○敏感すぎる私の活かし方――高感度から才能を引き出す発想術
（エレイン・N・アーロン 著，片桐恵理子 翻訳／パンローリング社）

○敏感すぎる人のいつものしんどい疲れがすーっとラクになる本
（長沼睦雄 著／永岡書店）

○繊細な心の科学――HSP入門（串崎真志 著／風間書房）

○敏感な人や内向的な人がラクに生きるヒント
（イルセ・サン 著，枇谷 玲子 翻訳／ディスカヴァー・トゥエンティワン）

○過敏で傷つきやすい人たち（岡田尊司 著／幻冬舎）

○ひといちばい敏感な子
（エレイン・N・アーロン 著，明橋大二 翻訳／青春出版社）

○「気がつきすぎて疲れる」が驚くほどなくなる「繊細さん」の本
（武田友紀 著／飛鳥新社）

○雨でも晴れでも「繊細さん」（武田友紀 著／幻冬舎）

○ひといちばい敏感なあなたが人を愛するとき――HSP気質と恋愛
（エレイン・N・アーロン 著，明橋大二 翻訳／青春出版社）

○最高の体調 ACTIVE HEALTH
（鈴木祐 著／クロスメディア・パブリッシング）

○こころのお掃除1日1掃――人生の風通しがよくなる42のヒント
（松本紹圭 著／三笠書房）

○大丈夫じゃないのに大丈夫なふりをした
（クルベウ 著，藤田麗子 翻訳／ダイヤモンド社）

○愛着障害の克服「愛着アプローチ」で、人は変われる
（岡田尊司 著／光文社）

○マンガでわかる愛着障害――自分を知り、幸せになるためのレッスン
（岡田尊司 監修, 松本耳子 漫画 ／光文社）

○本音を言おうとすると涙が出てくる――HSPの繊細さを才能に変わる魔法
（ゆりか 著／朝日新聞出版）

○レジリエンスを育む――ポリヴェーガル理論による発達性トラウマの治癒
（K・L・ケイン, S・J・テレール 著, 花丘ちぐさ, 浅井咲子 翻訳／岩崎学術出版社）

○不安・イライラがスッと消え去る「安心のタネ」の育て方――ポリヴェーガル理論の第一人者が教える47のコツ （浅井咲子 著／大和出版）

○ポリヴェーガルへの誘い （津田真人 著／星和書店）

○その生きづらさ、発達性トラウマ？――ポリヴェーガル理論で考える解放のヒント （花丘ちぐさ 著／春秋社）

○セラピーのためのポリヴェーガル理論――調整のリズムとあそぶ
（デブ・デイナ 著, 花丘ちぐさ 翻訳／春秋社）

○トラウマによる解離からの回復――断片化された「わたしたち」を癒す
（ジェニーナ・フィッシャー 著, 浅井咲子 翻訳／国書刊行会）

○身体はトラウマを記録する――脳・心・体のつながりと回復のための手法
（ベッセル・ヴァン・デア・コーク 著, 柴田 裕之 翻訳／紀伊国屋書店）

○「つながり」を感じれば疲れはとれる （藤本靖 著／GAKKEN）

○さあ、才能にめざめよう （トム・ラス 著／日本経済出版）

○他者と働く――わかりあえなさからはじめる組織論
（宇多川元一 著／News picksパブリシング）

○スタンフォード式　人生デザイン講座
（ビル・バーネット＆デイヴ・エヴァンス 著, 千葉敏生 訳／早川書房）

○マルチ・ポテンシャライト　好きなことを次々と仕事にして、一生食っていく方法 （エミリー・ワプニック 著, 長澤あかね 翻訳／PHP研究所）

ハイリー・センシティブ・パーソン
HSP 強み de ワーキング　洞察系・共感系・感覚系

2023 年 3 月 21 日　初版発行

著者：皆川公美子
本文挿画／カバー画：山本楓人
装丁：山本佳邦子
本文デザイン：柳裕子
編集：栄田千春

発行者：羽田ゆみ子
発行所：梨の木舎
101-0061　東京都千代田区神田三崎町 2-2-12 エコービル 1 階
TEL：03-6256-9517　FAX：03-6256-9518
contact@nashinoki-sha.com
https://www.nashinoki-sha.com/
印刷所：株式会社　厚徳社
ISBN　978-4-8166-2302-8 C0011

「今ここ」神経系エクササイズ

「はるちゃんのおにぎり」を読むと、他人の批判が気にならなくなる。

浅井咲子 著　A5変判／104頁／定価1600円+税　5刷

たった5つの動作で、神経の下ごしらえ（=自己調整）ができます。
あなたらしく生きるためのサーモモード（=マイルドな神経系）を育てましょう！

◉目次　おはなし　はるちゃんのおにぎり／はじめに／１章　神経系のはなし／２章　５つのエクササイズ〜神経の下ごしらえ／３章　サーモモードをつくり、レジリエンスのある生活へ／４章　神経系の発達／５章　気づきが癒し／参考文献／あとがき

978-4-8166-1707-2

「いごこち」神経系アプローチ

〜４つのゾーンを知って安全に自分を癒やす

浅井咲子 著　A5変判／136頁／定価1700円+税

大人気『「今ここ」神経系エクササイズ』の待望の続編。
育児、教育、仕事、恋愛、介護など社会生活をするなかで、自分のことも、他者のことも「厄介、うっとうしい、ややこしい」、と思うことはありませんか?
その苦しみの根底に潜んでいるのは、実は「トラウマ」。過去の「サバイバル戦略」であり、あなたの性格のせいではないのです。
トリガー（引き金）を理解し、自身を癒やし ＜いごこちをよくする＞ チャンスにしていきましょう。

978-4-8166-2102-4

傷ついたあなたへ

——わたしがわたしを大切にするということ　６刷

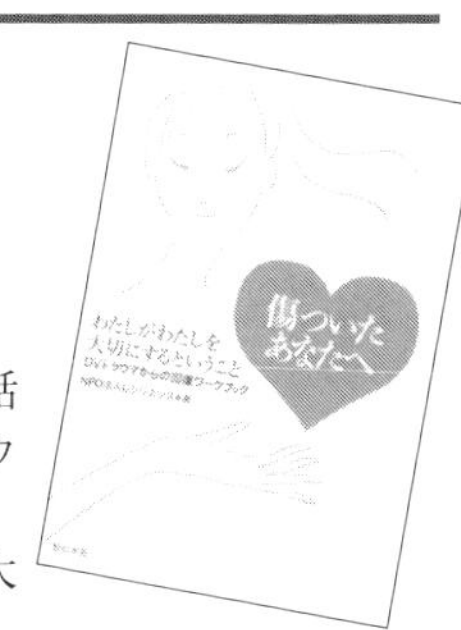

NPO 法人・レジリエンス 著
A5判/104頁／定価1500円＋税

◆ＤＶは、パートナーからの「力」と「支配」です。誰にも話せずひとりで苦しみ、無気力になっている人が、ＤＶやトラウマとむきあい、のりこえていくには困難が伴います。
◆本書は、「わたし」に起きたことに向きあい、「わたし」を大切にして生きていくためのサポートをするものです。

978-4-8166-0505-5

傷ついたあなたへ 2

——わたしがわたしを幸せにするということ　３刷

NPO 法人・レジリエンス 著
A5判／ 85頁／定価1500円＋税

ロングセラー『傷ついたあなたへ』の２冊目です。Ｂさん（加害者）についてや、回復の途中で気をつけておきたいことをとりあげました。◆あなたはこんなことに困っていませんか？
悲しくて涙がとまらない。どうしても自分が悪いと思ってしまう。明るい未来を想像できない。この大きな傷つきをどう抱えていったらいいのだろう。

978-4-8166-1003-5

マイ・レジリエンス
――トラウマとともに生きる　3刷

中島幸子 著

四六判／298頁／定価2000円＋税

DV をうけて深く傷ついた人が、心の傷に気づき、向き合い、傷を癒し、自分自身を取り戻していくには長い時間が必要です。4年半に及ぶ暴力を体験し、加害者から離れた後の25年間、PTSD（心的外傷後ストレス障害）に苦しみながらうつとどう向き合ってきたか。著者自身のマイレジリエンスです。

978-4-8166-1302-9

愛する、愛される【増補版】
――デートDVをなくす・若者のためのレッスン7　3刷増補版

山口のり子・アウェアDV行動変革プログラムファシリテーター 著

A5判／128頁／定価1200円＋税

◉目次　1章 デートDVってなに?／2章 DVは力と支配／3章 もしあなたが暴力をふるっていたら?／4章 もしあなたが暴力をふるわれていたら?／5章 女らしさ・男らしさのしばりから自由に／6章 恋愛幻想【増補】今どきの若者たちとデートDV

愛されていると思い込み、暴力から逃げ出せなかった――

◆愛する、愛されるって、ほんとうはどういうこと？

978-4-8166-1701-0

愛を言い訳にする人たち
――DV加害男性700人の告白

山口のり子 著

A5判/192頁／定価1900円＋税

◉目次　1章 DVってなんだろう?／2章 DVは相手の人生を搾取する／3章 DV加害者と教育プログラム／4章 DV加害者は変わらなければならない／5章 社会がDV加害者を生み出す／6章 DVのない社会を目指して

◆加害者ってどんな人?　なぜDVするの?　加害男性の教育プログラム実践13年の経験から著者は言う、「DVに関係のない人はいないんです」

978-4-8166-1604-4

しゃべり尽くそう！ 私たちの新フェミニズム

望月衣塑子・伊藤詩織・三浦まり・平井美津子・猿田佐世 著

四六判/190頁／定価1500円＋税

◉目次　言葉にできない苦しみを、伝えていくということ・伊藤詩織／女性＝アウトサイダーが入ると変革が生まれる――女性議員を増やそう・三浦まり／「先生、政治活動って悪いことなん?」子どもたちは自分で考えはじめている――慰安婦」問題を教え続けて・平井美津子／自発的対米従属の現状をかえるために、オルタナティブな声をどう発信するか――軍事・経済・原発・対アジア関係、すべてが変わる・猿田佐世

978-4-8166-1805-5